法律·经贸丛书

『一带一路』倡议下企业『走出去』劳动法律问题研究

ON LABOR SYSTEM FOR CHINESE ENTERPRISES' INVESTMENT ABROAD UNDER "THE BELT AND ROAD" INITIATIVE

李 磊——著

上海人民出版社

“一带一路”法律·经贸丛书总序

“丝绸之路经济带”和“21世纪海上丝绸之路”(简称为“一带一路”),是习近平主席分别于2013年9月和10月提出的我国对外开放和合作的重大倡议。“一带一路”倡议借用作为历史符号的古代“丝绸之路”名称,旨在建构和依托中国同其他相关国家双边和多边机制以及区域合作平台,积极与“一带一路”沿线国家之间发展经济合作,建立合作伙伴关系,共同打造政治互信、经济融合和文化包容的人类利益共同体、责任共同体和命运共同体。这在当下之国际环境之中显得弥足珍贵。我们正在经历一场席卷全球的“新冠”疫情,全人类正面临前所未有的挑战。新冠之疫不是某一国之灾,更与肤色、人种无关,而是全人类的共同的灾难。我们唯有坚持人类命运共同体理念,坚持包容合作才能击退疫病,实现全人类在大灾之后的新发展。

现在世界上已有100多个国家与国际组织积极支持和参与到“一带一路”建设中来,通过国际、地区和国别合作框架和协议沟通协调,共同推进相互联通和可持续发展而带来的合作机遇。这充分体现了“一带一路”的开放性和包容性。当今世界正面临百年未有之大变局,但开放包容与合作发展仍然是主流。我国通过对外开放发现机遇、抓住机遇和创造机遇,秉承“和平合作、开放包容、互学互鉴、互利共赢、平等透明、相互尊重”的“丝绸之路”精神，开展层次更深、水平更高、范围更广的全方位的区域经济合作，充分发挥各国的潜力和优势，以解决沿线国家经济增长与平衡发展问题。

2017 年 5 月“一带一路”国际合作高峰论坛发表了《“一带一路”国际合作高峰论坛圆桌峰会联合公报》，强调了建设“一带一路”合作的基本原则，即法治原则、平等协商原则、互利共赢原则、和谐包容原则、市场运作原则、平衡和可持续原则。其中，市场运作原则即充分认识市场作用和企业主体地位，确保市场在资源配置中发挥决定性作用。由此可见，作为市场主体的企业在“一带一路”建设中处于核心主体地位，政府应遵循市场规律发挥政策引导和服务功能，反对保护主义，建设开放型经济和自由包容性的贸易体系，在公平竞争和尊重市场规律与国际准则基础上，大力促进经济增长、扩大贸易和投资，从而建设和完善以世界贸易组织为核心、普遍、以规则为基础、开放、透明、非歧视的多边贸易体制。2019 年 3 月通过的《中华人民共和国外商投资法》更以法律形式宣示了我国政府对外商投资实施准入前国民待遇和负面清单制度，再一次彰显了我国进一步扩大开放的决心和意志。

“一带一路”为全球经济治理提供了新的路径与方向。然而也应当承认，我们国内的一些企业对“一带一路”沿线国家的政治格局、具体法律制度、经济贸易法规、文化与风土人情还不甚了解，而这些又恰恰是前往该国投资的必备“宝笈”。这就迫切需要有识之士担起研究和传播的重任，对“一带一路”沿线国家的具体制度，特别是与投资贸易有关的制度等，进行深入细致的研究并将成果出版。

上海对外经贸大学法学院是国内最早承担全国涉外律师培训的基地之一，又是全国最早招收国际经济法专业硕士研究生的法律院系之一，拥有一批具有深厚的法学研究基础，且愿意从事“一带一路”法律问题研究的优秀学者。北京大成（上海）律师事务所秉承“志存高远、海纳百川、跬步千里、共铸大成”的理念，热心致力于“一带一路”法律和经贸服务，积极与高校合作，共同完成该项研究。上海人民出版社是具有深厚学术积淀和强大学术传播力的国内优秀出版社，在法学图书出版方面享有很高的声誉。有鉴于此，这三方强强联手，充分发挥各方优势，出版“一带一路”法律·经贸丛书。期待这套丛书能为“一带一路”建设作出应有的贡献，也能成为沪上法学学术研究的新亮点。

是为序。

二〇二〇年四月

目　录

引 论

一、“一带一路”倡议与中国企业“走出去”

“一带一路”倡议是“丝绸之路经济带”和“21 世纪海上丝绸之路”的简称，由习近平总书记于 2013 年 9 月和 10 月分别提出。“一带一路”倡议为“中国企业走出去”搭建了新的合作平台，具有十分重要的意义。其核心在于，依靠中国与沿线国家既有的双边和多边机制，借助既有的区域合作平台，主动发展经济合作伙伴关系。针对沿线国家基础设施差、产业状况落后、生产力不足等问题，中国在“一带一路”框架下有针对性进行投资与项目承建，落地项目以基建、能源为主，[①]从而通过对外直接投资，以帮助这些国家建立基础设施、发展工业经济，继而构建以中国为雁首的产业分工体系与区域性价值链条，以此推动中国与沿线国家的经济持续较快增长与命运共同体建设。[②]这一过程中，国际产业转移的主体是我国优质富裕的生产能力，而受沿线国家劳动政策的影响，产业“走出去”的具体环节及其相应的国别市场布局应具有明显的差异化特征。“中国企业走出去”于 2000 年 3 月的全国人大九届三次会议期间被提出，并在党的十五届五中全会上得

① 周园、解喆、卢峰、张至楷:《多元共生型“一带一路”倡议促进全球化发展》,《科技中国》2018 年第 9 期。

② 陈瑛、张国胜、杨润高:《“一带一路”倡议中沿线国家劳动政策与我国产业“走出去”》,《广东社会科学》2018 年第 11 期。

以明确。党的十七大报告中关于“引进来”和“走出去”的论述，将这两者并列为我国双向开放的两大举措。可以说，之前的“走出去”为今日的“一带一路”奠定了基础，“一带一路”倡议在此基础上应运而生。

目前，全球100多个国家和国际组织积极支持和参与“一带一路”建设，联合国大会、联合国安理会等机构的重要决议也纳入了“一带一路”建设内容。①我国也将“一带一路”建设写进了《宪法》。作为新时代全世界发展的“中国方案”，“一带一路”具有“平台”和“纽带”属性。有学者对“一带一路”倡议的重大意义进行了归纳总结，并在此基础上，梳理出国内产业对外投资的几大主题，即：

金融领域。金融业对外投资是指以银行、证券及基金、保险为代表的投资主体所进行的对外投资。该领域包括对外直接投资和以合格境内机构投资者基金(QDII)、中国主权财富基金等投资形式。

工程领域。中国企业在工程领域的对外投资主要是指我国工程建筑企业在境外承揽的、按照当地法律制度经营的、遵循国际工程管理进行承包、管理或施工的工程项目。②

能源与矿产资源领域。我国能源与矿产企业参与境外能源与矿产投资，是保障我国能源安全与矿产资源供需平衡的重要途径，也是国内企业自身发展的内在需求。我国目前能源与矿产企业对外投资的主要形式采取合作开发、进口贸易以及跨国并购三种形式。

制造业领域。改革开放四十多年来，我国凭借完整的产业链布局，以及高居民储蓄率、人口红利等因素，不断提升制造业规模，工业实力不断增强，但仍存在缺乏核心技术和核心竞争力，过于依赖外国技术等

① 陈积敏：《正确认识“一带一路”》，《学习时报》2018年2月26日。
② 陈文：《一带一路下中国企业走出去的法律保障》，法律出版社2015年版，第42页。

问题。之前发生的“中兴通讯”案即是一个明证。制造业企业亦迫切需要“走出去”，以资本为纽带，通过市场方式扩大海外市场，同时获取技术、资源等。

中介服务咨询领域。中介咨询服务所涉及的领域较广，如法律服务、咨询服务、会计审计服务、见证（鉴证）服务、税务服务、工程咨询监理服务等。根据世界贸易组织《服务贸易协定》（GATS），中国可以进入世界服务贸易领域（有些方面仍需关注双边及多边安排和各国具体的开放承诺）。

不出意外，上述五大领域的对外投资将会是“一带一路”建设对外投资的最重要领域，也是学术界、政策研究界最需要研究的领域。学术界有必要就“一带一路”沿线国家在上述五大领域的基本法律制度和政策进行认真细致的分析和研究。而此种研究必不能以简单地介绍各国的法律制度为依归，而应从各自研究领域的问题出发，针对“问题”进行分析，并提出解决问题之道。

“一带一路”倡议的实施，使得我国企业“走出去”的步伐逐渐加快。以对外劳务合作为例，2003 年我国对外劳务合作中派出的各类劳务人员共计 50 多万人，2015 年该数字上涨到 100 多万。2017 年各类在外劳务人员共计 97.9 万人，2018 年各类在外劳务人员达 101.1 万人。2013 年“一带一路”的积极倡导不断地推动我国对外劳务合作的增量和存量。我国的对外劳务输出，主要分布在建筑业、交通业、水电等工程建筑类，2017 年对外输出的 52 万劳动力中，工程类劳动力数量占比 42.53%，2018 年截至 11 月工程类的劳动力输出数量占比达到 46.85%，计 20.8 万人。

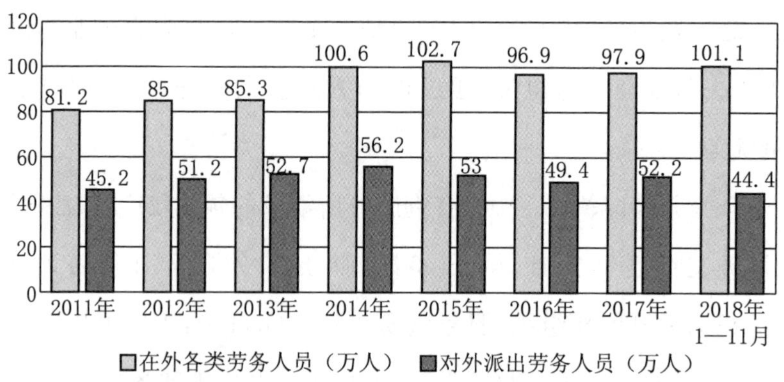

图1　2011—2018年我国对外劳务输出

数据来源:国家商务部官方网站。

本书聚焦“一带一路”倡议下中国企业“走出去”过程中的劳动法律问题,在系统介绍沿线国家法律制度和措施的基础上,重点以我国企业“走出去”过程中采取的劳务输出、劳务合作的几个典型形态为基础,分析我国相关法律制度、有关企业的合作措施,以及一些真实案例中反映出的问题,并提出相应的解决之道。

二、企业“走出去”过程中劳动法律问题的特殊性

广义的劳动法律问题其实蕴含了两大类型的法律问题——劳动关系法律问题(即狭义“劳动法律问题”)和社会保障法律问题。中国企业“走出去”过程中遇到的劳动法律问题一般是指,国家法律或地方政府政令出于对劳动者权利的保护和维护本国社会保障制度之目的而设置了一些强制性规定,如当地最低工资、最长工作时间、劳动保护、解雇保护、社会保险强制缴费等规定,也包括工会的地位、工会的权利义务等。这些制度虽然看似与一国的外商投资制度安排无关,或者不像一国的“外商投资法”那么明显与投资政策直接相关,但却在很大程度上影响投资国在投资目的国或地

区的投资选择和投资收益。比如建筑工程业海外承包项目一直以来是我国海外投资的重要领域,我国的核心竞争力在于优良的施工技术和相对较低的劳动力价格。但是一旦进入外国,劳动力价格往往不取决于在本国的工资水平,而根据地域不同有较大差异。这取决于当地的工资制度——有些国家和地区外国投资者在雇用当地工人的工资问题上有较为严格的规定,有的国家和地区甚至对雇用当地人员的比例都有明文规定。这就会严重影响我国投资者的投资收益,甚至投资意向。这其中较著名的例子是中国某集团承包波兰A2高速公路案。根据公开报道,由于该集团急于进入欧洲市场,从而以波兰政府预算一半的价格中标了该国的A2高速公路的建设工程。公司本希望按照国内的行业"惯例",先以低价中标,建设一段时间后再提高价格,从而实现盈利。但是工程开工后,波兰政府不允许承包方变更价格,更是根据当地的法律要求该集团必须按照当地员工工资水平支付该集团从中国派驻当地的职工工资。这样就又增加了一笔开支。加上其他方面对当地法律的不熟悉,费用大大增加,从而导致工程长期亏损,最终只能退出。此案给出的最大教训是,中国企业在进行海外投资前,一定要对投资目的国的法律环境进行详细调查和分析,在这当中,绝对不能忽略劳动保障法律制度。

在"一带一路"建设的投资目的国中,有些国家和地区的劳动保障制度与我国有较大的不同。企业海外用工过程中,必然面对这些制度。一旦中国企业违反当地劳动保障法律制度的做法被当地政府发现,或引起当地的劳资纠纷,则可能造成不同程度的损失。轻则赔偿,重则可能导致严重劳资对立,工程无法进行,企业撤出目的国市场,声誉受到严重损害。这方面的例子屡见不鲜。根据中国公司法务研究院与律商联讯的统计,16.8%的受访企业表示企业在境外投资项目中遭遇群体性劳动纠纷。尤以上汽集团收购韩国双龙汽车公司案为甚。①该案中，上汽将裁员 2 000 人作为收购后进行资金投入的条件，引发了韩方员工不满，并酿成一定的风波。2007 年 5 月，上汽集团与双龙集团签订了收购协议，上汽以接近 9 亿美元的价格控股双龙汽车。2008 年，金融危机导致汽车销量大减，员工收入随之减少。但是双龙公司工会却派代表前往上汽公司总部要求加薪。该问题由来已久，双龙公司的工会一直较为强势，不断要求加薪。而且还威胁，要举报上汽公司抄袭双龙公司关键技术。在此情形下，上汽同意增资 2 亿美元，但是要求裁员 2 000 人（双龙公司员工共 7 100 人）。遭到工会强力拒绝，双方相持不下。2009 年，双龙公司向法院申请破产保护，上汽虽然仍保有股份，但失去了控制权。随后，上汽亦在后续的破产过程中低价折卖股份，共损失人民币 40 亿元左右。这一事件处理的整个过程中，造成上汽被动的一个重要因素是外方工会的干扰。而上汽集团亦缺乏对韩国《劳动法》和《工会法》等的仔细研判。此类问题可能在不少西方国家存在，比如德国、拉美国家等。

上汽收购“双龙”失败的案例说明了两点。其一，资本收购的完成并不意味着人心的统合，由于不同国家企业文化、经营理念、管理模式、绩效考评、薪酬发放、激励机制、企业和员工的沟通行为方式等存在差异，收购完成之后，企业若要正常运行，更需要员工的整合，尤其避免收购对象员工的集体抵制；其二，投资目标国的劳动保障法律制度在投资决策的各项考量因素中有特殊重要性，事先了解并准确把握目标所在国的劳动保障法律制度是收购整合的重要内容，绝不可忽略与偏废。劳动保障法律制度在我国企业“走出去”过程中的特殊重要性在于以下几个方面：

① 有关该案案情引自袁庆宏：《中国企业跨国并购中的劳资问题——上汽双龙公司在韩工厂罢工风波引发的思考》，《中国人力资源管理》2007 年第 3 期。

(一) 劳动保障法律制度与当地就业民生密切相关，关系地方政府政绩

无论是劳动制度还是社会保障制度，都是民生领域的核心制度。既与就业、失业率等指标关系密切，又牵扯每个家庭的收入水平，进而还会影响物价、消费者信心等经济指标。这些指标都是地方政府政绩的关键指标，是地方政府政绩的重要方面，因此，必然受到政府的高度关注。中国企业来到当地投资，极有可能在当地招工用人，从而影响当地就业和工资水平，此时必然考虑到当地的劳动保障制度。政府亦会对此施加关切。

(二) 劳动保障法律制度事关当地民众福祉，百姓高度关注

劳动保障制度中有关最低工资水平、最高工作时间、休息休假、养老保险待遇、医疗保险待遇等问题，均构成普通品种基本福利的重要内容，广大民众对此高度关注。中国企业到外国投资，如果使用当地人参加劳动，则不可避免适用当地的劳动保障法律规则，即使是使用中国外派员工，亦应考虑当地的劳动工资水平等。尤其是到发达国家投资，中外员工的待遇水平等须认真加以考虑。

(三) 劳动保障法律制度与目的国工会等政治团体密切相关，与选举政治密切相关

“一带一路”沿线国家很多是代议制民主国家，选举是这些国家政治生活中的头等大事。如何赢得选票是各个政党绞尽脑汁思考的关键问题。而这些国家的工会也从起初的工人为争取权利而自发组织的团体逐渐演变成了利益集团，为各政党所利用，以获取更多的选票。在这种情势下，工会的声音将很大程度上影响投资目的地国的各项政策。由于工会自身最为关切的就是劳动保障相关政策制度，所以一国一地的劳动保障制度就成了与选举政治相关的内容了。在这种情形下，投资方如果不关心劳动保障政策制度，可能不仅招致工会的反对，甚至会导致执政党或政府的反对，后

续工作的困难可想而知。

（四）劳动保障法律制度事关地方税收，是各国和地方政府的重要关切

劳动保障法律制度很多内容涉及企业的用工成本，直接或间接与地方税收有关，而且很多国家的社会保险即以税收方式呈现，是一国税制的重要组成方面。在这种情形下，劳动保障法律制度又被赋予了“税收相关制度”这层外衣，从而为各国和地方政府所关切。

（五）劳动保障法律制度亦与本国派出人员收入福利密切相关，影响其工作积极性

我国在外国或地区进行投资，往往会采取整建制派出管理、服务和工程技术人员的方式，有时甚至还会整建制派出工人。此时，他们的劳动收入如何确定，社会保险如何处理则是一个十分实际的问题。不少国家均要求外国在当地工作人员需按照当地劳动保障制度发放工资，缴纳社会保险费，尤其是一些欧洲国家。而这也与这些工作人员的自身利益密切相关。如何在本国劳动保障标准与当地劳动保障标准之间求得平衡，甚至游刃有余，将影响中方工作人员的工作积极性甚至工作态度，对整个工程的进展具有很大影响。

综上，“一带一路”倡议实现过程中，我国企业对外投资目的国的劳动保障法律制度在我国企业“走出去”过程中具有重要的意义，具有特别的价值。从目前我国立法规范的视角，我国企业的主要规范是《中华人民共和国对外劳务合作管理条例》（国务院令第 620 号，以下简称《对外劳务合作条例》）和《对外经济贸易合作部对外劳务合作管理暂行办法》（以下简称《暂行办法》）等，还有一些部颁规章。由于企业“走出去”过程中可能涉及中国人和中国企业在外国的法律适用问题，因此《中华人民共和国涉外民事关系法律适用法》（中华人民共和国主席令第 36 号）亦是可能涉及

的较为重要的法律依据。从上述法律规范看，总体而言，我国企业“走出去”所依据的法律文件体系可能依然呈现“碎片化”特征，需要进一步整合、完善。

本书即以我国企业向“一带一路”沿线国家和地区投资过程中的劳动和社会保障法律问题为研究对象，从问题出发，通过对当地法律制度的分析总结，并对案例进行剖析，最终结合我国先行法律法规制度提出相应的解决方案。

第一章
企业“走出去”的法理基础

第一节　企业“走出去”的经济学基础

探讨企业“走出去”的法理基础首先应着眼该活动的本质。企业“走出去”首先是一种经济活动，因此首先从经济学基础着手进行讨论。企业“走出去”的经济学基础可以从“内”和“外”两方面加以讨论。对“内”而言，其理论基础是“企业经营权”理论；对“外”而言，则是“国际分工和国际价值”理论。

一、企业经营自主权理论

企业经营自主权是企业作为独立的市场主体所拥有的最基本的权利，也是企业作为一个营利性主体赖以生存和发展的基本条件。企业经营自主权是指企业在不违反国家法律的基础上所拥有的调配使用自己的人力、物力、财力，自行组织生产经营的权利。[①]企业经营自主权的来源有二：一是

① 王长军：《中国反向歧视第一案评析》，《中国审判》2011 年第 4 期。

企业法人财产所有权。企业由股东出资组成，一旦出资完成，企业法人将拥有对该企业财产的独立完整的所有权。在此基础上，企业拥有对其所有的财产的独立支配权，使用权、收益权和处分权。这些权利体现在企业运行过程中，即为经营自主权。二是企业作为市场主体的独立自由。企业作为独立的市场主体，在法律的框架下具有独立自由的行为自由，也包括“走出去”从事对外投资，开拓国际业务的自由。

目前，在享有经营自主权的基础上，我国企业海外业务正在市场经济的环境下快速发展。此种发展的原因首先在于我国对外投资范围的不断扩大，对外投资程度的不断深入。随之而来的是资金和劳动力等要素的国际流动。同时劳动力的流动也会通过对劳动力市场产生作用，从而对经济施加影响。劳动力流动与处于全球化过程中国家的对外直接投资有密切的联系:劳动力往往随着国际投资产生流动。由于受全球化趋势影响，各国劳动力流动的速度和规模都在扩大，无论是管理人员、高技术人员抑或普通工人的对外流动，在很大程度上都归因于一国对外直接投资的进行。对外直接投资与劳动力流动有直接的关系，这是因为对外直接投资必然涉及技术、资本投入，也涉及劳动力的投入。一般情况下，对外直接投资的公司或国家会派遣本国技术人员到投入国进行就业或培训。虽然在国际劳务输出行业中也存在只提供特定技术和劳务的服务类型，但在大多数情况下，国际劳务合作是由大量的国际投资项目和国际承包项目带来的。由于资本的直接跨境流动加速了社会变革，市场主体开始放弃传统的生产和生活方式，然后通过各种渠道，包括跨境劳工，以迅速融入新的社会行为方式。举例来说，我国在家电、机械制造等行业有着全球领先的先进技术，生产能力雄厚。这些企业往往倾向于出国投资建厂。他们不仅可以扩大对外经贸合作，充分利用国外资源，扩大产品销售，开发和生产具有自主知识产权的新技术和产品，而且可以开发和生产新产品，在短时间内驱动劳务人口迁出，特别是高科技人才迁出。目前我国有近两千家企业从事国际承包工程与劳务合作业务，业务范围遍及世界五大洲的多个国家和地区。①中国企业对外投资领域正进一步拓宽，从一般出口贸易、餐饮和简单加工扩大到营销网络、航运物流、资源开发、生产制造和设计研发等众多领域；投资区域从欧美等发达国家和地区，拓展到亚太、非洲、拉美等 160 多个国家和地区，并呈现出投资主体多元化、投资方式灵活多样等特点。②可见，在企业经营自主权这一法理基础之上，我国企业“走出去”的大趋势得以在全球化的大背景下根据我国企业自身优势不断巩固。

其次，企业在享有经营自主权的前提下下大力气“走出去”的原因还在于近年来我国企业贸易出口量不断增长，带来了大量的国际劳务合作机会。跨国的劳务合作往往意味着劳动力的跨境流动出口，跨国的劳动力流动也是当今相关的国际组织与各国政府积极关注的重要问题，并为各国学者作为重点课题加以关注。为了控制劳动力的跨境流动，各国各地纷纷制定颁布劳务准入门槛等标准，以期更好控制劳动力跨国流动，但往往能够最有效影响其跨国流动的是各式各样的贸易政策。因为劳动力跨境流动的原因是由众多客观因素共同组成的，单纯的法律法规难以控制如此庞大的流动趋势。在理论上，贸易与劳务输出之间的相互促进作用学界已有较多学者从统计学等角度进行了证明，③在此不再多做论述。中国的出口贸易自 20 世纪 50 年代初起快速发展，中国产品的大量出口无形中宣传了中

① 詹朋朋：《国际劳务关系法律适用问题研究》，复旦大学博士学位论文 2008 年。
② 战海艳：《中国对外劳务输出的发展现状及影响因素分析》，湖南大学硕士学位论文 2008 年。
③ 参见郑辉、张捷：《服务贸易与商品贸易的互补性及贸易平衡新解》，《国际经贸探索》2008 年第 5 期。徐桂民、綦建红、鞠磊：《劳动力外移、国际贸易与产业结构调整——基于 1984—2004 年中国数据的协整分析与格兰杰因果检验》，《中国工业经济》2007 年第 7 期。

国企业的实力，开拓了国际市场。从中国经济发展的不同阶段来看，出口总量增长率高的时期，劳动力跨境输出人数也就越多，意味着贸易出口促进了中国的劳动力输出。中国的出口贸易伙伴在加强与中国的经济往来的同时，带动了劳动力流动的良性循环。

二、国际分工和国际价值理论

国际分工与国际价值理论亦是企业“走出去”，开展国际业务的主要经济理论基础。国际分工是指跨越国界的分工与合作。各个国家在世界范围内进行相对专业化的生产和经营。国际分工不以人类主观意志为转移，是国内社会分工发展到高度阶段的必然产物。①科学技术的进步以及自然条件的差异对国际分工的产生和发展均有决定性的作用。各国由于科技发展水平，自然环境，地理位置等因素的制约，国家的优势产业往往具有极大的差异化特征，只有当各个国家分别主要进行擅长的生产经营活动时，所消耗的资源、时间等方能达到最小值。

国际分工决定了国际价值的形成、实现以及国际价值的规律作用。②国际价值理论是马克思主义劳动价值论的重要组成部分，也是马克思政治经济学理论体系中的一个重要问题。马克思认为，在世界市场上，交换在国与国之间进行，这时交换的依据应该是国际价值，衡量国际价值的内在尺度为世界劳动的平均单位，外在尺度为世界货币。③在国际贸易中，劳动生产率高，劳动强度大的生产劳动就可以带来更大的价值，从而在国际分工

① 杨国亮、张元虹：《论当代国际分工的深化及其对世界格局的影响》，《当代经济研究》2007 年第 7 期。

② 陈永志、吴盛汉：《当代国际分工的变化及其对国际价值的影响与启示》，《当代经济研究》2013 年第 11 期。

③ 陈永志、李细满：《马克思国际价值理论与当代国际价值的变化》，《当代经济研究》2007 年第 1 期。

中获得更多利润。因此这也是各国积极“走出去”(对外投资合作),推动经济全球化的内在驱动力。

近年来,国际市场需求愈发旺盛,呈不断增长态势。虽然近年来某些大国贸易保护主义抬头,导致国际投资有所回调,世界经济增长遭受一定程度的影响,但由于中国、欧盟等世界主要经济体坚持多边主义立场,致力于多边主义和全球化发展,使得世界经济增长仍处在合理区间。据世界银行发布报告,2018 年世界经济增长水平达到 3.1%。①

国际市场的需求规模往往由世界经济增长水平,特别是部分发达国家的快速发展历程,以及世界各国对劳动力在国别之间流动的限制决定。目前,世界范围内各国经济得益于全球经济一体化和经济贸易自由化正处于总体上升的阶段,资本、劳动力等要素的国别间流动限制逐步放宽。以劳动力市场为例,目前劳动力资源短缺的国家都倾向于采用较为积极的利用外国劳动力资源的政策和法律。根据日本《日经亚洲评论》杂志网站 2018 年 5 月的报道,在日本奋力应对严重的劳工短缺之际,政府计划放宽对于寻求在日本工作的无技能外国工人的限制,这项放宽对海外工人日语要求的新政策将被纳入一项工作许可证制度中,并包含在 6 月最终定稿的经济政策指南草案中。根据现有的技能实习培训计划,外国工人被允许在日本最长停留 5 年。新的资格认证制度将给予那些结束了培训计划的人员考试豁免。至于日语要求,原则上,外籍人士将需要“能够理解慢速对话”。据举办日语考试的日本国际教育支援协会称,人们经过大约 300 个小时的学习后通常能够获得这样的熟练程度。自从安倍晋三 2012 年第二次担任

① 据世界银行《全球经济展望报告》指出,随着制造业和贸易投资持续复苏,2018 年,全球经济增速将达 3.1%,远超 2017 年预期。发达经济体增速稍有放缓,为 2.2%;得益于大宗商品出口的持续复苏,预计新兴市场和发展中经济体经济将走强,增速升至 4.5%。载中华网 https://news.china.com/internationalgd/10000166/20180111/31940462.html,2018 年 1 月 10 日。

首相以来，日本的海外工人人数已经增加了大约 60 万，这种增长主要是通过技能实习计划实现的。这一计划意在为外籍人士提供针对某些非技能职位的在职培训。日本劳动力短缺正在成为经济的最大挑战。日本政府估计日本的适龄劳动人口(年龄在 15 至 64 岁)到 2040 财年将比目前减少约 1 500 万。[①]这一变化标志着日本有关海外工人政策的重要改变。美国也面临着相同的境况：根据美国劳工部 2018 年 5 月 3 日公布的非农就业数据显示，美国 4 月非农就业人口新增 16.4 万人，不及预期 19.2 万人。美国 4 月失业率降至 3.9％，刷新 2000 年年底以来新低，预期为 4％。《华尔街日报》评论说，数据显示美国就业市场收紧，可雇用劳工数量变得更少。而美国劳工统计局(U.S. Bureau of Labor Statistics)4 月 27 日公布的数据显示，2018 年第一季度非农商业部门单位劳动力成本增长了 2.7％。[②]自 2004 年年初，美国总统宣布推动移民政策法案改革，逐步开放劳工市场，为到美工作的外国劳工提供临时、短期的就业机会。另外，东南亚一些新兴的工业国家和地区在经济高速增长中出现结构性劳务短缺的情况下，也相继放松了对外籍人员入境的限制。[③]

在各国对资金及劳动力流动限制放宽的大前提下，国际分工根据国别之间情况的不同而自然形成：首先，发达国家平均单位的生产劳动效率一般情况下应较发展中国家更高，但由于出生率降低和人口老龄化这两个社会问题，发达国家本国的劳动力供应量根本无法满足经济发展的需要，只有依靠输入外籍劳务满足经济需求。统计显示，目前发达国家人口自然增长率仅为发展中国家的 1/6，按照 65 岁及以上人口占总人口的比重超过

---

① 相关报道见《日媒：劳动力短缺太严重　日放宽语言要求将接受 50 万海外工人》，载参考消息网 http://www.cankaoxiaoxi.com/finance/20180531/2275964.shtml，2018 年 5 月 31 日。

② 《美日德面临劳动力短缺困扰》，中国社会科学院经济研究所《经济走势跟踪》第 1826 期，http://ie.cass.cn/academics/economic_trends/201805/t20180510_4245018.html。

③ 肖黎、谭忠真：《制约我国劳务输出的障碍及对策》，《商业时代》2007 年第 27 期。

7%的标准,早在1950年大多数发达国家已成为老年型国家。法国是世界上最早成为老年型国家的,1870年时老龄化率已达到7.41%。多数发达国家老龄化率超过7%发生在1930—1950年间。到1950年,全世界人口老龄化率为5.1%,但发达国家已达到7.7%。在现经济合作与发展组织成员国中,只有韩国、日本、波兰、希腊等少数国家人口老龄化率在1950年还低于7%,而法国、英国、比利时等一些欧洲国家已在10%以上。①其次,由于科学技术的进步,发达国家和部分较为发达的发展中国家缺少大量高科技人才与适应工作环境较为恶劣的人才。日新月异的现代科学技术对劳动力素质的要求越来越高,全球范围内各类技术人才和管理人才普遍短缺,尤其是复合型人才短缺的现象更为严重。各发达国家和发展中国家均不同程度地存在着类似的倾向进口高科技人才(如信息科技、金融等)的趋势。工作环境较为恶劣的工作有矿工、渔工、钢铁厂和化工厂的部分工种等。此类工种由于发达国家科技水平与教育水平较为发达,相较发展中国家,此类工作由于无人问津而供给不足,只能雇用外籍劳务去填补。最后,在劳动力出口国家之间同样存在着分工与竞争。劳动力资源相对丰富、经济发展水平相对落后的发展中国家均采取各种办法鼓励本国劳动力的输出,但受到国内技术水平和劳动力素质的限制,发展中国家提供的劳动力同质现象严重,高度集中在非技术工人这一层次,竞争十分激烈,致使劳动力价格一再下跌。随着新技术革命的发展,许多国家的产业结构从劳动密集型转向了技术密集型和资本密集型,对技术型和知识型的中高级劳务需求越来越多,众多主要劳动力出口国之间的人才竞争极为活跃。

① 陈卫民、施美程:《发达国家人口老龄化过程中的产业结构转变》,《南开学报》(哲学社会科学版)2013年第6期。

第二节　我国企业“走出去”的规范基础

理论上，我国企业“走出去”是其经营自主权的一部分，但在规范上亦须有法律上之依据。此处的依据首先指的是国内法上的依据。另外，我国作为世界主要国家，一直以来尊重并履行其签署的国际条约义务，对本国签署的双边和多边国际协定持严格遵守态度，因此本书从国内法、国际法两方面对我国企业“走出去”的法律基础加以论述。

一、国内法上宪法和法律的授权

《宪法》是国家的根本大法，是万法之母，亦是各类主体权利的最终来源。宪法的规范具有原则性，因此其规定一般较为笼统。如我国的企业经营自主权在《宪法》第十六条第一款规定：“国有企业在法律规定的范围内有权自主经营。”同时，《宪法》在第十七条第一款规定：“集体经济组织在遵守有关法律的前提下，有独立进行经济活动的自主权。”前文已述，企业经营自主权即包含“走出去”从事海外经营，开拓海外业务的权利。

《对外贸易法》是我国规范和调整对外贸易的根本法律，规定了我国对外贸易的各个方面。该法第二条规定，“本法适用于对外贸易以及与对外贸易有关的知识产权保护。本法所称对外贸易，是指货物进出口、技术进出口和国际服务贸易”。无论是货物进出口、技术进出口，还是国际服务贸易，都蕴含了“走出去”的可能性。尤其是国际服务贸易，其包含了企业对外劳务合作等典型的“走出去”形态。同时该法明文规定（第五十五条）：“国家采取措施鼓励对外贸易经营者开拓国际市场，采取对外投资、对外工程承包和对外劳务合作等多种形式，发展对外贸易。”所以，《对外贸易法》赋予了我国企业“走出去”的权利，是企业“走出去”的实体法基础。

在享有经营自主权的企业主体类型方面，2000 年最高人民法院《关于执行〈中华人民共和国行政诉讼法〉若干问题的解释》第十八条将享有经营自主权的企业范围从明确在《宪法》中规定的国有企业和集体经济组织二类扩大至包括了民营企业、外商投资企业、外国企业等各种类型的企业与经济组织：“股份制企业的股东大会、股东代表大会、董事会等认为行政机关作的具体行政行为侵犯企业经营自主权的，可以企业名义提起诉讼。”企业可以按照法律、行政法规行使经营自主权，尽管不同类型的企业享有的具体的经营自主权的内容存在着一定的差异，但经营自主权应当是企业最基本的经济权利，是企业依法享有的产、供、销、人、财、物及其他经营权利。①换言之，企业享有的经营自主权意味着在不非法使用和滥用该项权利的前提下，企业可以依照其天然的逐利性，以利益作为根本内部驱动力，对内进行经营管理，对外参与社会生产活动。经营自主有利于企业根据市场供求状况，按照其自身意愿进行经营，同时倾力将其资源投向效益较高的领域，从而使经济资源得到有效的利用。

二、国际法上世贸组织协定之精神

“一带一路”倡议目前共涉及 65 个国家和地区。这些国家和地区大多为世界贸易组织成员。世界贸易组织协定项下的《服务贸易总协定》

① 孟雁北：《论反不正当竞争立法对经营自主权行使的限制——以〈反不正当竞争法（修订草案送审稿）〉为研究样本》，《中国政法大学学报》2017 年第 2 期。

(General Agreement on Trade in Services，简称 GATS)作为乌拉圭回合谈判达成的第一套有关国际服务贸易的具有法律效力的多边协定，于 1995 年 1 月 1 日与世界贸易组织同时生效。其宗旨在于在透明度和逐步自由化的前提下，建立一个有关服务贸易原则和规定的多边框架，考虑到各国法律法规发展不平衡与发展中国家和最不发达国家的经济状况和发展，成员方在互利以及权利义务总体平衡的基础上开展多边谈判，以促进所有贸易伙伴的经济增长和发展。《服务贸易总协定》规定的成员义务分为一般性义务和具体承诺的义务两种。一般性义务和原则适用于成员方的所有服务部门，具体承诺的义务仅适用于经过双边或多边谈判之后承诺开放的服务部门。一般性义务包括最惠国待遇、透明度、资格的认可、公平竞争和发展中国家的更多参与；具体承诺的义务则包括市场准入、国民待遇、逐步自由化。在世界贸易组织体制中，企业“走出去”属于《服务贸易总协定》调整范围，在四种形式：自然人流动、越境贸易、境外消费、商业存在这四种贸易形式中，主要体现在自然人流动、境外消费和商业存在这三种，偶尔也会有越境贸易这种情况。

在我国加入世界贸易组织，签订《服务贸易总协定》以后，我国企业在其“走出去”的领域显现出了较大的潜力，亦出现了不少新的机遇。主要有以下几方面：首先，我国出口(含货物、服务)的准入机遇增加。加入世界贸易组织并签订相关协议后，世界贸易组织成员方对中国出口的市场准入与待遇方面有了较大的改善。输入国给予其他国家的市场准入机会中国也能无条件享有，并且可以得到成员方的国民待遇，这有利于海外市场开拓，特别是在专业服务人员和高级劳务方面，市场准入机会将进一步扩大。以自然人流动为例来说，《服务贸易总协定》中的第六条和第七条[①]就涉及了关于自然人流动的规定，主要涉及提供劳务者的学历和专业资格的相互承认和授予等问题。通常来说，各个国家对于进口的外国劳力都会根据其从事行业等有着相应的要求，这些要求可能包括工作经历、工作年限、语言、学历和专业资格等，尤其是对于医生、会计、律师等高专业水平的劳务人员，具备相应资质证书应是劳务人员到外国提供服务的必要条件。此种资格的考核和授予制度往往五花八门，资质的认证主管机关可能

---

① 《服务贸易总协定》:“第六条 国内法规 1.在已作出具体承诺的部门，每个成员应确保所有普遍适用的影响服务贸易的措施，以合理、客观和公正的方式予以实施。2.(a)每个成员应维持或尽快地建立司法、仲裁或行政法庭或程序，在受影响的服务提供者的请求下，对影响服务贸易的行政决定作出迅速审查，并在请求被证明合理时给予适当的补救。在这些程序不独立于受委托作出有关行政决定的机构时，该成员应确保这些程序实际上会作出客观和公正的审议。(b)以上(a)项的规定不能解释为要求一成员建立与其宪法结构或法律制度的性质不一致的法庭或程序。3.在提供一项已作具体承诺的服务需要得到批准时，成员的主管当局应在一项符合国内法律和规章的完整的申请提出后的一段合理时间内，将有关该项申请的决定通知申请人。应申请人的请求，该成员的主管当局应毫不迟延地告知其有关申请的批准情况。4.为了确保有关资格要求和程序、技术标准和许可要求的措施不致构成不必要的服务贸易壁垒，服务贸易理事会应通过其建立的适当机构，制订任何必要的纪律。这些纪律应旨在确保这些要求，特别是：(a)基于客观和透明的标准，诸如提供服务的资格和能力。(b)除为保证服务质量所必需以外，不应成为负担。(c)如是许可程序，则其本身不应成为提供服务的限制。5.(a)在各成员已作出具体承诺的部门，在按照第 4 款为这些部门制订的纪律尚未生效前，成员不能以以下方式使用损害或阻碍具体承诺的许可和资格要求及技术标准：与第 4 款(a)(b)或(c)项所列标准不符；和(1)在对那些部门作具体承诺时，不能合理地预想到该成员会采取这种做法。(b)在确定一成员是否符合上述第 5 款(a)项所确定的义务时，对该成员所实施的有关国际组织的国际标准应加以考虑。6.在对专业服务已作具体承诺的部门，各成员应提供充分的程序以验证任何其他成员的专业人员的资格。

第七条 承认 1.为全部或部分地实行对服务提供者的有关批准、许可或证明所规定的标准，并依照第 3 款的要求，成员可承认在一特定国家获得的教育或经验、已满足的要求以及所颁发的许可证和证明。这种通过协调或其他办法实现的承认，可基于与有关国家签订的协议或安排，也可自动给予。2.一成员如系第 1 款中所说的这类协议或安排的参加方，不管是现有或将来，应为其他有关的成员提供充分的机会，谈判加入这类协议或安排或与其谈判类似的协议或安排。当成员自动给予承认时，则它应给予任何其他成员充分的机会来证明在那一其他成员获得的教育程度、经验、许可证或证明以及已满足的资格条件等应得到承认。3.成员在实施其对服务提供者的批准、许可或证明的标准时，其给予承认的方式不得成为国家间实行歧视的手段，或对服务贸易构成隐蔽的限制。4.每个成员应：(a)在 WTO 协议对其生效之日起的 12 个月内，将其现行的承认措施通知服务贸易理事会，并说明这些措施是否基于第 1 款所说的那类协议或安排；(b)在第 1 款所述的协议或安排开始谈判前，尽可能提前迅速通知服务贸易理事会，以便为任何其他成员提供足够的机会，在谈判进入实质性阶段之前表明其参加谈判的兴趣；(c)当采取新的承认措施或对现有的措施作重大修改时，应迅速通知服务贸易理事会，并说明这些措施是否基于第 1 款所说的那类协议或安排。5.只要合适，承认应基于多边同意的标准。在适当情况下，各成员应与有关的政府间或非政府组织进行合作，以建立和采用有关承认的共同国际标准和从事有关服务贸易和专业的共同的国际标准。”

是相关政府部门,行业自律组织或事业单位等。因此,此种认证主管部门的区别,资质认证过程的区别就导致了当持有一国资质认证证书的人才在异国提供服务时,必将牵涉到学历和资质互认的问题。这些要求理论上是为了确保外国劳务人员具有足够的能力和水平,以为本国提供合格有效的服务,但不可否认的是,在很多场合下其会被某些国家利用作为非关税贸易壁垒以保护本国的劳动力市场,防止外籍劳力对本国市场造成冲击,导致就业率的下滑等。《服务贸易总协定》第六条规定,在已经作出具体承诺的部门中,每一成员应保证所有影响服务贸易的普遍适用的措施以合理、客观和公正的方式实施;此外,为保证有关资格要求和程序、技术标准和许可要求的各项措施不致构成不必要的服务贸易壁垒,服务贸易理事会应通过其可能设立的适当机构,制定必要的纪律,以保证此种措施的客观和透明性,不得比为保证服务质量所必需的限度更难以负担,且许可程序本身不得成为对服务提供的限制。《服务贸易总协定》第七条则允许各成员可以通过相互间的协定或安排来相互承认对方的学历和资格标准,也可自动给予此种承认;并且规定,成员给予承认的方式不得构成在适用服务提供者获得授权、许可或证明的标准或准则时在各国之间进行歧视的手段,或构成对服务贸易的变相限制。因此,在我国加入世界贸易组织之后,可以充分利用《世界贸易总协定》,尤其是《服务贸易总协定》的规定以及其他成员方在《服务贸易总协定》项下所作的承诺,确保其对我国对外输出的劳务人员在学历和资格认证以及工作经历方面的规定、措施和要求符合其在《世界贸易总协定》项下的义务和承诺;另一方面,可以积极与有关成员方,尤其是我国海外劳务人员的主要吸收国家和地区按照服务贸易理事会的有关指导性规范订立学历和专业资格互认的双边协定,以减少我国海外劳务人员在学历和资格承认方面所遇到的障碍,从而打通学历、学位、学分互认及质量认证制度上的接口，与发达国家在上述方面的相互承认上有所突破，从而更有利于我国劳动者赴海外工作。例如2002年4月，中国政府与德国政府签署了《关于互相承认学历、学位的协定》，这是中国与西方主要国家签署的第一个相互承认学历、学位的协定，[①]标志着中国与发达国家的教育合作与交流达到了一个新层次。

其次，世界贸易组织的协定精神还为我国企业“走出去”提供了透明公正的法律法规体系。过去，除了颁布一些重要的法律法规外，我国的许多规章制度均由内部规定，立法方向则由部分部门进行总体把控，这种不透明，不公开的流程就导致了我国主营对外劳务合作企业的经营行为缺乏法律指引，操作不规范。根据《服务贸易总协定》的透明度原则，中国承诺在加入世贸组织后建立透明公平的对外贸易法律制度。所有对外贸易活动只执行已公布的法律法规和其他措施，不得执行未公布的内部文件或条例。政府还须设立法律咨询点，确保任何企业的法律问题都将在30天内，至多45天内得到答复。政府设立的咨询机构可以及时向世界贸易组织秘书处和其他成员国设立的咨询机构收集劳务进出口信息，同时建立起劳务出口信息方面的交流。遵照及时性、准确性和有效性原则，建立信息网络，收集、整理、传递和推送劳务输出信息，拓宽我国劳务输出渠道，促进我国企业“走出去”的健康发展。

最后，作为世界贸易组织中不可或缺的一员，中国还可以充分利用多边和双边协商机制，积极参与国际服务贸易规则的制定，加强政府谈判，开拓海外市场。2003年世界贸易组织坎昆会议无果而终，2001年在卡塔尔首都多哈举行的世贸组织第四次部长级会议启动了新一轮多边贸易谈判

---

① 中外合作办学机构或项目已达657个，载网易网，http://edu.163.com/editor_2002/021009/021009_84993.html。

“多哈发展议程”，或简称“多哈回合”，直至2013年12月7日，才在世贸组织第九届部长级会议上，取得了多哈回合的第一份成果，《巴厘一揽子协定》成为多哈回合“零的突破”。这揭示了世贸多边谈判，尤其是各国一致同意的表决制度目前存在难以克服的问题。此种情况下，通过地区性自由贸易安排来推进自由贸易不失为一种有效的选择。根据《关贸总协定》第二十四条、《服务贸易总协定》第五条，《世界贸易组织协定》并不阻止各成员参加或缔结关税同盟或自由贸易协定，只要其符合《世界贸易组织协定》的有关要求。在进入21世纪以后，随着世界形势的变化，包括我国在内的许多国家修正了自己的自由贸易战略，加大了自由贸易协定谈判的力度，由原来侧重“多边”而调整为侧重“双边”的谈判，或“多边”与“双边”并举。自2001年以来，我国开始与东盟、日本和韩国、澳大利亚、上海合作组织、南方共同体市场（巴西、阿根廷、乌拉圭和巴拉圭）等就双边或地区性自由贸易问题进行磋商和谈判，有些已经取得实质性进展。①服务贸易逐步自由化的原则决定了中国将面临双边和多边谈判的必然现实，主要目的就在于根据《世界贸易组织协定》和《服务贸易总协定》的规定和要求提高具体承诺的水平。特别是在对外劳务合作领域，由于一国劳动就业和社会秩序的排他性和开放国家对市场准入的谨慎态度，很难就市场准入、最惠国待遇和与市场准入有关的国民待遇达成实质性协议。中国可与其他国家共同协调探讨共同利益和问题，制定今后的合作目标，确定合作战略。服务贸易自由化应当与其他服务贸易挂钩，服务贸易自由化应当成为重要的谈判筹码。只有在服务贸易自由化方面取得进展，其他服务领域才能放宽国内限制。《服务贸易总协定》对发展中国家有特别照顾的规定，但在协定中经

① 金振豹、房亚群：《加入WTO后我国在劳务输出方面的对策及其法律完善》，《齐齐哈尔大学学报》（哲学社会科学版）2004年第11期。

常使用类似于“可以”的词语，软性条款较多，也很少规定构成对每个成员具有约束力的具体义务。发展中国家作为世界贸易组织成员方，可与发达国家谈判，尽快将这些“虚拟”条款转化为发展中国家成员的“真实”权利，敦促发达国家切实履行对发展中国家的义务。中国也可以充分利用经济一体化协议，如积极利用亚太经合组织（APEC）为多边贸易体制中无法实现的服务贸易自由化的目标和利益作出安排。《服务贸易总协定》中最惠国待遇的一些例外，例如发展中国家之间的安排，也可以在不延伸到第三方规定的情况下使用，从而与其他发展中国家达成劳务贸易协定，以加强合作，互补优势。

总体来说，我国实施“走出去”战略将随着目前经济全球化进程不断推进。国际间商品、资本及各种要素的交流更加流畅，国际交流面不断扩大，必将多方位促进中国企业“走出去”。在此大环境下，中国可以充分利用世界贸易组织规则，充分发挥世界贸易组织成员方的作用，行使相应权利，加强多边和双边谈判协商，促进投资合作、项目承包和成员企业之间的出口贸易，使更多的企业走出国门，做大做强。

三、区域贸易协定之约定

我国《对外贸易法》第五条规定，中华人民共和国根据平等互利的原则，促进和发展同其他国家和地区的贸易关系，缔结或者参加关税同盟协定、自由贸易区协定等区域经济贸易协定，参加区域经济组织。这说明除了全球性多边贸易协定外，区域性的贸易协定也构成对我国政府和企业的行动指南。当然，按照中国法理，国际协定均需内化成国内法，才可具有域内效力。但是，一方面我国立法程序较复杂，在时间上难以保证这种内化在短时期内完成；另一方面，由于中国的实质性参与，甚至是以中国为主，推动这些协定的执行，我国政府事实上一直在国内推动这些协定的落地，因此，讨论这些协定是有现实意义的。在我国加入或签署的各项区域贸易协定中，《落实中国—东盟面向和平与繁荣的战略伙伴关系联合宣言的行动计划》（以下简称《行动计划》）和《2017 年金砖国家劳工就业部长会议宣言》为核心的四个文件对我国企业“走出去”有较为明显的影响。本书以这几个文件为例，作一讨论。

（一）《落实中国—东盟面向和平与繁荣的战略伙伴关系联合宣言的行动计划》

加强和提升中国和东盟战略伙伴关系、睦邻友好和互利合作一直是中方以及东盟伙伴的共同心愿，《落实中国—东盟面向和平与繁荣的战略伙伴关系联合宣言的行动计划》签订的根本目的就在于落实 2003 年 10 月 8 日在印度尼西亚巴厘岛签署的《中国—东盟面向和平与繁荣的战略伙伴关系联合宣言》。同时，该《行动计划》以中国和东盟 1991 年建立关系以来取得的重要成就为基础，以推动建设和平、稳定、融合、繁荣和充满关爱的东盟共同体为基调，以应对未来 5 年时间可能出现的地区和全球挑战为目标，旨在为东盟共同体后 2015 年愿景作出贡献。

中国和东盟都表明在未来的合作道路上，将根据各自承担的国际法义务和国内法律、法规和政策，努力开展合作。解读这份计划不难发现，这为我国企业“走出去”创造了良好的条件且提供了发展的保证，在与东盟伙伴协商合作的进程中，我国企业在自身快速发展的同时也将与国外企业展开良好的合作，积极开展境外业务。该《行动计划》从政治与安全，经济合作，社会人文合作，互联互通，东盟一体化倡议及缩小发展差距，湄公河流域和次区域发展合作，国际和地区事务合作，东盟机制建设，落实安排九个方面出发，对军事政治，文化以及经济等方面的协作发展作出了要求。《行动计划》的第一条和第二条，尤其凸显了对中国及东盟之间合作的保护，这也是鼓励并支持中国企业“走出去”的体现。

从《行动计划》中第一条对于“政治与安全”的要求可以看出，加强中国与东盟之间的战略合作伙伴关系是各个国家共同的期许，也是本计划的终极目标。计划期望通过中国—东盟领导人会、中国—东盟外长会、中国—东盟高官磋商和中国—东盟联合合作委员会以及东亚峰会、东盟与中日韩、东盟地区论坛和东盟防长扩大会等其他以东盟为主导的平台，深化中国—东盟磋商与合作，并且在现有的基础之上深化中国—东盟合作，进一步探讨东盟领导人关注的各项倡议中的合作领域，如中方提出的中国—东盟“2+7 合作框架”、建设中国—东盟命运共同体等。这表明在未来的一段时间内，在商业合作领域将会出现许多新的机遇以及突破口，我国企业应该抓住机会，结合企业自身的优势，以多方合作交流会议为平台，打开进入国外市场的局面。以多项合作框架以及“命运共同体”的理念为基础，国内企业在海外市场的占比和发展前景是十分乐观的，在政策和项目保护的前提下，针对东盟伙伴的市场需求以及国家之间发展的差异作出清晰的商业计划以及战略目标是十分必要的。

关于“经济合作”的内容主要体现在《行动计划》的第二条。首先，中国—东盟自贸区的设立为中国企业“走出去”提供了强大的保障和帮助。中国—东盟自由贸易区，是中国与东盟十国于 1991 年组建的自由贸易区，中国在 1996 年成为东盟的全面对话伙伴国。2010 年 1 月 1 日贸易区正式全面启动，成为一个涵盖 11 个国家、19 亿人口、GDP 达 6 万亿美元的巨大经济体，是目前世界人口最多的自贸区，也是发展中国家间最大的自贸区。自贸区成立以来，中国—东盟的双边贸易，尤其是中国对东盟的出口增长迅速，增长幅度最大。中国同东盟间的双边贸易规模，无论是绝对量还是相对量都是不断扩大的。中国与东盟贸易往来密切，成为彼此最重要的贸易伙伴之一。[①]中国入世为中国对东盟的出口带来了持续的增长机会。这一良好的发展前景一部分以中国具有比较优势的产品为基础，还有一部分来源于对东盟具有潜在优势的产品。相比之下，中国的轻工业、农作物以及建筑材料等产品具有明显的比较优势，在东盟从中国总进口的数额中占据了不小的版面。同时，中国的电子设备、车辆和化工产品具有潜在优势，这些产品出口东盟的数量也在逐年增长。宏观经济计量分析表明，中国—东盟自由贸易区相当程度上推动了双边经贸关系的发展。[②]

其次，《行动计划》对多方之间有关于经济的协作也提出了一定的要求，这使得中国企业在“走出去”的过程中获得了战略伙伴的支持并且提高了在操作层面的可行性。第一，《行动计划》中要求，各成员国应协力争取实现领导人提出的到 2020 年双方贸易额达 1 万亿美元、双向投资达 1 500 亿美元的目标，这为多方进行经济合作定下了总目标并以此为基调开展合作。同时成员国应合作落实贸易促进措施，应对非关税壁垒。中国—东盟自由贸易区通过降低和消除关税壁垒，不仅促进了区域内成员国之间的贸易总额，而且还提升了区域外国家之间的贸易总额。[③]这体现出对国际贸易交流的鼓励和支持，为中国企业走向世界经济舞台提供了政策上的保障，在此前提下我国企业开展境外业务获得了极大的保护；实证分析显示中国—东盟区域内部关税的下降有利于中国具有比较优势产业的产品生产和出口，优惠强化了规模报酬递增和成本需求关系的产业对中国市场潜力的反应，区域内外关税差异越大，中国的大市场和良好工业基础对产业吸引

① 谭秀阁、王珏：《中国—东盟自由贸易区的贸易效应分析》，《区域经济评论》2016 年第 4 期。
② 沈铭辉：《中国—东盟自由贸易区：成就与评估》，《国际经济合作》2013 年第 9 期。
③ 张中元、沈铭辉：《中国—东盟自由贸易区对双边贸易产品结构的影响》，《中国社会科学院研究生院学报》2017 年第 5 期。

力越大，进而越有利于这些产业的出口。①第二，中国与东盟合作伙伴应对合作中出现的问题以及矛盾进行监测并及时开展必要的磋商，企业主管部门之间和各支持机构之间应加强联系和专业交流，开展中小企业贸易投资、人员培训、工业园区建设等方面合作，由此减少在企业合作中可能出现的摩擦和阻碍，在最大程度上推动企业间的合作，这体现了对于各国企业间进行投资以及经济合作的积极态度。如果完善的协调沟通机制缺位，合作过程中出现的问题和摩擦可能被忽视或者搁置，从而阻碍经济的健康发展，甚至有可能在商业政策或者国家间交往层面造成障碍。这一后果不但会影响当下的合作，甚至可能导致我国企业“走出去”面临长期的阻碍。我国企业在此际遇下应把握机会，利用此类贸易协定积极开展境外业务；第三，要充分把握各类合作平台的价值，例如中国—东盟博览会、中国—东盟商务与投资峰会、中国西部国际博览会、中国昆明进出口商品交易会和中国进口博览会等中国与世界和东盟间各类贸易投资促进活动，通过利用这些合作机会，促进国家之间的相互了解合作，扩大双向贸易投资。该项计划的目的在于鼓励国家多多参与贸易展会和活动从而促进中小企业拓展市场。我国企业与国际市场的距离在这种推动下逐渐缩短，相关贸易洽谈和会议在很大程度上促使各国打开经济交流的大门，中国企业在拥有具备自身特色的生产力优势的基础上，应该好好把握机会，在吸收国外产品输入的同时将自己的产业和优势推广出去。同时各类贸易峰会和展会为企业提供了传播企业特色，了解境外需求和市场发展状况的机会，从而可以精准定位，制定企业发展战略的机会。如果类似的交流合作平台资源不足，可能造成国家间合作信息不对称，当无法了解市场的需求和特点时，我

① 余振、葛伟、陈继勇：《中国—东盟 FTA 的贸易结构效应——基于 2000～2010 年间制造业面板数据的经验分析》，《经济管理》2013 年第 12 期。

国企业也就自然不能做到精准定位，“走出去并且在海外市场占有一席之地”也就可能成为一纸空谈。

无论是自由贸易区的建立，抑或是实际发展进程中国家间的积极磋商协作和各类交流平台的积极推动，以及多领域的产业合作和创新，都为中国企业“走出去”创造了大量的机会和强有力的支持，并且在一定程度上促进了中国和东盟国家各自的经济发展，扩大双方贸易和投资规模，促进区域市场的发展，创造更多的财富，为各国人民谋求福利。这种双赢甚至多赢的局面，是我国企业“走出去”所期待的目标效果，也是企业保持在海外市场长期健康发展的前提和基础。中国应该抓住机遇，利用好现有区域贸易合作不断加强的优势，以互利共赢为目标，鼓励支持国内企业走出国门，积极推动区域贸易增长。

（二）《2017 年金砖国家劳工就业部长会议宣言》等四个文件

在重庆举办的金砖国家劳工就业部长会议，通过了《2017 年金砖国家劳工就业部长会议宣言》，以及《金砖国家劳动世界未来的治理共同立场文件》等四个成果文件。该项会议围绕劳动力市场未来的治理、技能促进发展、全覆盖可持续的社会保障制度和落实过往承诺等议题进行了深入讨论。①从会议的发言中可以了解到，科学技术的发展、产业经济的结构调整、人口的变化趋势，给劳动力市场提出了新要求和挑战，这是我们应该思考和解决的问题。为了在劳工就业领域加强金砖国家之间的通力合作，会议提出了五项建议：一是大力促进就业，实现包容性增长；二是促进技能开发培训，推进技能减贫；三是深化社会保障合作，实现互利共赢；四是密切劳动就业领域人文交流，共享研究成果；五是加强机制建设，完善合作平台。②

①② 金砖国家劳工就业部长会议在重庆召开，载中国新闻网 http://www.chinanews.com/2017/07-27/8289317.shtml，2019 年 5 月 20 日。

会议强调，各国应积极促进有利于就业的经济社会发展模式，促进创新创业，采取措施推动实现2030年可持续发展目标中的扶贫目标，通过技能开发实现脱贫减贫。

从该会议的主要议题和会议精神来看，各个国家在劳工就业领域中的合作从很大程度上影响着国家之间的企业合作。这对于我国企业走出国门可能造成的影响主要体现在两个大的方面：劳动力本身和合作平台的建设。

首先，劳动力输出是中国企业“走出去”对外发展的重要方式之一。正如该会议提出的，促进就业且提升包容性是十分重要的基础。不同国家根据本国的经济发展状况和需求派出及接受劳动力，对于接受输入劳动力的不同标准和程度使得企业在向境外发展的过程中会遇到不同层次的阻碍。从国际角度出发，对劳动力需求虽然很大，但同时有很强的政策约束。首先，各国对引进劳动力比较敏感，一是担心影响国内就业，二是担心所引进劳动力滞留不归，带来一些社会问题。①在这种状况下，劳动力本身的素质以及技能水平成为各个国家决定是否开放大门的考虑因素之一。为了促进经济发展，合作伙伴之间有义务提升对劳动力输入的包容性，以促进各个国家就业率为目标，明确对于外来人才的需求和要求，积极推进由企业带来的人才流动。实际上，各国对普通技能劳动力的引进在政策上予以限制，而对中高技能专业技术人员进入劳动力市场表示欢迎。但在操作中，由于国内人口结构、人员从业愿望和产业结构需求等原因，普通技能劳动力引进仍多于中高技能专业技术人员。②这也意味着国家对于高素质人才的需求在不断地提升，人才全球化的呼声越来越高。“走

①② 雷鹏：《我国境外就业的发展历程》，《中国就业》2019年第1期。

出去”战略作为改革开放最为重要的一项内容，需要不断深化“走出去”，这就需要人才资源作为支撑。①国际化人才就是企业“走出去”的核心力量。②同时，对于人才的培养和技能的交流也是支持企业外向发展的动力之一。不同国家的产业结构和优势不同，因此对于劳动力的需求和培养也不尽相同，在进行劳动力输出时，应考虑对象国家的经济发展特点并据此进行专业技能匹配的劳动力输出。这不仅意味着要对本国人才开展培养，同时也要为吸收进来的外国人才给予同样的技能指导和培训。只有公平地对待人才，才能为该领域创造一个长期稳定的发展环境。促进技能开发培训要求中国企业明确整体市场需求，在会议精神所支持的“通力合作”的基础上进行人才交流，与他国积极进行相关的沟通，以此达到在劳工就业领域实现合作共赢的目标。为了企业“走出去”，我国首先应该从劳动力本身入手，人才国际化水平与企业对外直接投资的次数具有显著的正相关关系，国际化人才是驱动企业对外投资的核心力量。③因此提升劳动力质量并且了解世界市场的需求，以劳动力技能的提升带动经济的发展是我们首要考虑的努力方向。

其次，劳工就业领域的合作平台建设以及保证措施的实施也是国家发展“走出去”经济的基石之一。强有力的社会保障是促进就业和提高就业率的重要因素，中国在人才交流领域的发展，必须以和其他国家在社会保障以及对劳动力保护方面达成共识为基础。如果不同国家之间对于人才的保护和对输入人才的待遇存在较大的差异，则可能导致不稳定的经济环境，从而造成国家之间的合作产生阻碍。同时，人文交流对于劳动就业领域的稳定发展是十分必要的。由于不同国家之间在文化，宗教和观念上存

---

①　罗文静：《国际型人才与中国企业“走出去”战略》，《广西质量监督导报》2019年第3期。

②③　朱敏、杨慧、袁海东：《人才国际化与中国企业“走出去”》，《科学学研究》2019年第2期。

在差异，这些差异不仅体现在日常生活中，也会体现在商业领域。为了使得国家间人才交流更为流畅，利用活动或会议来增强人文交流，打通学术和技术方面的分享壁垒，对于劳动力的质量提升和稳定的输出输入都有不小的益处。

当然，为了实现中国企业“走出去”的目标，一个完善的有体系的合作平台是必不可少的。无论是社会保障，文化交流，还是技能培训，都需要在一个健全的机制下发挥作用。中国应该将长远目标与细节把控相结合，在劳工就业领域发扬自己的优势，以此来推进国内企业“走出去”的进程，同时带动区域合作伙伴的经济增长，形成一个健康开放且持续发展的经济环境。

第三节 规范企业“走出去”的主要劳动法律规范

我国企业“走出去”参与国际合作，我国不仅有宪法和一些综合性基础法律法规加以支持和授权，也有专门的劳动法律法规和规章予以规范和授权。其中最为主要有以下一些：①

一、法律层面

（一）《中华人民共和国对外贸易法》

《中华人民共和国对外贸易法》（1994 年 5 月 12 日第八届全国人民代表大会常务委员会第七次会议通过，2004 年 4 月 6 日第十届全国人民代表大会常务委员会第八次会议修订，以下简称外贸法）是我国调整和促进对

① 本节所涉法律法规条文引自全国人大常委会、国务院相关部委的网站。

外贸易的基本法律制度。有关内容和规范在上一节已经论述，在此不再赘述。

(二)《中华人民共和国劳动法》与《中华人民共和国劳动合同法》

《中华人民共和国劳动法》(1994 年 7 月 5 日第八届全国人大常委会第八次会议通过，根据 2009 年 8 月 27 日第十一届全国人民代表大会常务委员会第十次会议《关于修改部分法律的决定》第一次修正；根据 2018 年 12 月 29 日第十三届全国人民代表大会常务委员会第七次会议《关于修改〈中华人民共和国劳动法〉等七部法律的决定》第二次修正，以下简称劳动法)是我国进入市场经济以来第一部调整劳动关系的法律。该法虽然未对于企业“走出去”作出任何直接的规定，但是它却是我国调整用人单位与劳动者关系的基本法律，也就是说我国企业“走出去”，如果采取派遣中国员工去驻在国工作，则可能需要受劳动法调整与规制。

《中华人民共和国劳动合同法》(由第十届全国人民代表大会常务委员会第二十八次会议于 2007 年 6 月 29 日修订通过，自 2008 年 1 月 1 日起施行；2012 年 12 月 28 日第十一届全国人民代表大会常务委员会第三十次会议修订，以下简称劳动合同法)。劳动合同法是继劳动法之后对劳动关系进行进一步调整的法律。其与企业“走出去”的关系，除了有关“劳动合同”的规定外，最大的影响在于其对于“劳务派遣”(第五章第二节)的详细规定。该节首次明确了劳务派遣的基本法律关系、劳务派遣机构的基本要求(行政许可条件)等。由于我国企业“走出去”过程中，对人员的使用有较大一部分采取的是劳务派遣制，因此，“劳务派遣”的法律规定将对这部分用人模式产生较大影响。

(三)《中华人民共和国涉外民事关系法律适用法》

《中华人民共和国涉外民事关系法律适用法》(中华人民共和国第十一

届全国人民代表大会常务委员会第十七次会议于2010年10月28日通过，自2011年4月1日起施行）是我国迄今为止唯一一部解决涉外民事法律纠纷中的法律适用问题的法律。该法共八章52条，系统规定了我国法院审理各类涉外民事法律纠纷时，对于不同的法律关系如何适用法律。该法与企业“走出去”的劳动用工有关的法律条文是第四十三条。根据该条规定，审理劳动合同案件，适用劳动者工作地法律；难以确定劳动者工作地的，适用用人单位主营业地法律。劳务派遣，可以适用劳务派出地法律。根据该条规定，如果国内企业“走出去”，派遣员工前往外国工作，双方产生劳动争议，首先要适用劳动者工作的当地法律。如果劳动者工作地难以确定的（比如经常两地奔波），可以适用用人单位主营业地（此时主要是指中国境内的营业地）法律。劳务派遣模式下，既可以适用主营业地法律，也可以适用劳务派出地法律（这两者可能重合）。

二、行政法规层面

（一）《对外承包工程管理条例》

国务院《对外承包工程管理条例》（2008年7月21日中华人民共和国国务院令第527号公布，根据2017年3月1日《国务院关于修改和废止部分行政法规的决定》修订）是我国专门规范企业对外承包工程的管理性规范，共四章三十条。从该条例的规定内容看，我国对外承包工程的主要用工模式须按照国内劳动合同法规定的劳动关系模式（第十二条），但一般是承包公司通过有资质的中介机构招得劳动力后，一次性签订工作合同，并派往工程所在地施工的项目制用工模式。同时，该法也规定了一些特殊条款，如对外工程承包单位需设立专门的安全保障机构，用以保障劳动者在当地的安全等。此外该法还明确规定了中介机构设立的许可制度。

（二）《对外劳务合作管理条例》

国务院《对外劳务合作管理条例》（由国务院于 2012 年 6 月 4 日发布，自 2012 年 8 月 1 日起施行），是国务院发布的，规范和调整我国企业对外劳务合作的基本法律规范。该条例共六章五十三条。该文中规定的“对外劳务合作”，指的是“组织劳务人员赴其他国家或者地区为国外的企业或者机构工作的经营性活动”，即中国公司派遣人员到外国为外国公司提供劳务。在现实中，这种经营性活动是企业“走出去”的模式之一。该条例规定了进行对外劳务合作企业的成立基本条件和实施对外劳务合作业务的基本条件。

三、行政规章层面

（一）《境外投资管理办法》

商务部《境外投资管理办法》（2014 年 8 月 19 日商务部第 27 次部务会议审议通过，自 2014 年 10 月 6 日起施行）是主管部门（国家商务部）对我国企业“走出去”的从事经营活动的基本管理办法。该办法共五章三十九条，其中第二十条规定：“企业应当要求其投资的境外企业遵守投资目的地法律法规、尊重当地风俗习惯，履行社会责任，做好环境、劳工保护、企业文化建设等工作，促进与当地的融合。”这说明，有关主管部门要求企业在“走出去”的过程中，要尊重投资目的地的法律法规，做好劳工工作，确保“走出去”行稳致远。

（二）《企业境外投资管理办法》

国家发改委《企业境外投资管理办法》（2017 年 12 月 26 日国家发改委主任办公会议审议通过，2018 年 1 月 1 日起施行）是国家发改委出台的规范企业对外投资的部门规章。根据该办法规定，该办法所规范的企业业务活动范围包括：中华人民共和国境内企业（“投资主体”）直接或通过其控制的境外企业，以投入资产、权益或提供融资、担保等方式，获得境外所有权、控制权、经营管理权及其他相关权益的投资活动，基本涵盖了所有的企业对外投资经营活动。虽然从该办法的主文内容看，与劳动保障法律似乎关系不大，但其十五个附件中最为重要的一个附件《境外投资项目申请报告》中，要求报告“投资目的地的投资环境情况（投资涉及多个国家和地区的，按投资路径逐一说明）。包括投资目的地与项目有关的政治和安全局势、法律法规、准入和监管政策、自然资源条件、基础设施状况、经济金融形势、社会文化环境等情况。重点阐述投资目的地政治和安全局势是否适合开展该项投资、投资目的地法律法规和政策是否禁止或限制开展该项投资等”，以及“配套条件落实情况。包括项目用工、用地、用料情况及安排，道路、铁路、港口、能源供应等相关基础设施配套情况及安排；项目是否满足所在地技术、环保、能耗、安全等标准要求”。这些内容无不与劳动保障有关。这说明，国家要求企业在“走出去”之前，必须了解投资目的国（地区）的劳动保障制度环境。

四、部颁规范性文件层面

（一）《商务部、外交部防范和处置境外劳务事件的规定》

《商务部、外交部防范和处置境外劳务事件的规定》（商合发〔2009〕303号文，2009年6月23日颁布实施）是处理境外劳务事件，维护外派劳务人员和外派企业的合法权益的基本文件。全文共八条。该文件对处理境外劳务事件的主体责任、基本原则和基本程序等，进行了明确的规定。文件明确了“谁派出、谁负责”的基本原则，落实了责任制。

（二）《涉外劳务纠纷投诉举报处置办法》

《商务部、外交部、公安部、工商总局涉外劳务纠纷投诉举报处置办法》（商合发〔2016〕87号文），是规范外派劳务市场秩序，维护劳务人员合法权益，快速高效处置涉外劳务纠纷投诉举报的基本文件。根据该文规定，“涉外劳务纠纷”是指在组织劳务人员为境外雇主工作的经营性活动中发生的经济纠纷、合同纠纷、劳动侵权纠纷以及其他纠纷。涉外劳务纠纷的处理过程包括“投诉举报”“受理”“处置”和“结案”四个环节。商务部门和公安部门是主管机关。

综合以上法律法规规范，可以发现，我国规范企业“走出去”的劳动方面法律规范有以下几个特点：

(1) 形成初步的规范体系，但较为碎片化，未形成统一的规范

我国已经形成了以法律为统领，行政法规、部门规章和部颁文件为支撑的企业“走出去”劳动法律政策体系。从内容看，也涵盖了企业“走出去”的劳动法律方方面面。但这些规定尚处于碎片化阶段，即散见在不同的法律规范中，尤其是在全国人大(及其常委会)立法方面，缺乏一部统一的引领性规范。

(2) 以经济管理部门规范为主，人力资源管理部门规范较少

企业“走出去”显然是一项经济活动，因此可以发现，上述文件出处多为发改委、商务部等经济管理部门，但无论是国际劳务合作，还是对外劳务输出，均可归属于人力资源活动，对此，人力资源部门不应缺席，因为人力资源部门对劳动力的管理和服务显然更有经验，也了解如何将国内外劳动政策加以衔接，避免出现内外不均或难以衔接的情况。

(3) 以管理性规范为主，服务性规范较少

毋庸置疑，建设“服务型政府”是中国政府一直以来致力于达到的一个重要目标之一。党的十九届四中全会决议也将这一内容纳入其中。如果仔细审视上述规范，就可以发现，无论是法律还是行政法规，部门规章；无论是文件标题还是内容，均以管理性规范为主，而服务性规范则很少。这似乎与服务型政府发展方向和目标有距离。后续也希望有新的服务性规范出台。

第二章
企业“走出去”劳动法律问题概览

第一节　我国企业在投资东道国遭受不公平待遇问题

我国的企业在海外投资的进程中，将自身置于国外。然而在我国企业“走出去”的过程中可能遭遇到各种不公平对待。此类不公平对待主要表现在政策的落实中，投资目的国执法和司法机关因解释、执行扭曲或企业经营范围、资信等状况不同，而对我国企业产生歧视性对待，如审批过程拖延、使用外汇限制、银行不予信贷等。①“一带一路”建设为我国的企业“走出去”提供了很好的平台，当然也不可忽视中国企业在国外当地遭遇的不公正待遇。我国商务部长期以来一直坚持努力与包括“一带一路”沿线国家在内的各国签订双边投资协定(BIT)，以保护我国投资者在投资东道国受到相对公平、公正的待遇。2017 年商务部对部分海外投资企业进行调查，参与调查的 156 家企业中，有 26 家受访企业曾在海外投资过程中遭遇不公平待遇，占比不低。

① 《财经时报》：商务部将清查民企对外投资所受不公待遇，http://www.smegz.gov.cn/news/show-70130.html，2019 年 2 月 20 日。

概括而言，我国企业在投资东道国的不公平待遇主要有以下几个：

(一) 缺乏正当理由的身份质疑

在进行海外投资的我国企业中包含不少的国有企业，国有企业的政府背景使得企业的投资身份在当地备受质疑。①由于我国企业的身份不能轻易辨认，有些国家甚至认为我国一些大型民营企业也会受到我国政府影响，可能从事超越经济、商务的其他事务。②我国企业的国资背景造成海外国家对企业进入当地的误读之外，不少言论提出所谓的“中国威胁论”干扰当地政府的判断。例如 2015 年 1 月 30 日，墨西哥当局宣布“无限期”搁置中国企业参与竞标的高铁项目，高铁项目是基础设施建设，对于国家的经济发展影响深远。墨西哥政府担心中国以此控制其经济的想法也可以推测。这是“中国威胁论”的典型表现。③这种“中国威胁论”在“一带一路”的建设过程中同样可能上演，例如哈萨克斯坦反对土地私有化的游行，哈萨克斯坦某些人或组织认为中国进入当地租赁土地将会带入大量的中国人流量，会形成中国人对当地劳动市场的冲击；非政府组织(NGO)的部分言论也同样导致了“一带一路”沿线国家对中国企业的不公正待遇。“中泰高铁”在立项时，环保非政府组织提出说修建高铁会影响猴子、大象生活，会影响青蛙迁徙。④非政府组织的干扰导致中泰高铁的立项投入设立过程也备受阻碍。

由于各国经济发展水平的不同，各国劳动力成本有着很大的差异，为跨国公司利用廉价劳动力降低劳工成本成为可能。其中西方国家普遍较

① 丁文娜、陆佳晨：《“一带一路”背景下我国企业“走出去”的策略研究》，《昆明干部管理学院学报》2016 年第 6 期。

② 谭畅：《“一带一路”战略下中国企业海外投资风险及对策》，《中国流通经济》2015 年第 7 期。

③ 于露：《“一带一路”战略下中国对外投资的意义、问题与对策》，《现代商业》2016 年第 9 期。

④ 王义桅：《“一带一路”被讹，中国怎么办?》，载企业观察网，http://www.cneo.com.cn/article-10883-1.html。

高的劳动力成本使得原本熟知本国劳工标准、劳工成本相对低廉的中资企业倍感压力，加上对于国际劳工标准和当地劳工标准政策了解不够，对于西方普遍认同的就业歧视、结社和集体谈判、工资工时制度、培训体系、职业发展等缺乏实际感知，又使很多海外中资企业在东道国面临各项劳工诉讼。西方国家对于平等就业和残疾人等特殊群体的劳工保护也让众多中资企业面临就业歧视诉讼的压力和风险。加上西方国家不断利用“贸易与人权”“环境保护和劳工标准”等条款，对海外中资企业进行调查，使得海外中资企业很难适应。①

（二）投资政策歧视

我国企业在“走出去”的进程中面临非经济因素产生很大的干扰和阻碍。相较于其他国家的市场管制多样性，市场监管措施差异性，在市场监管歧视上表现为各种“不公平”审查，随意否决我国的对外直投项目，使中国企业蒙受不公平、且数额巨大的损失。特别是针对我国国有企业的审核更能体现出不公正待遇的情形，美国外商投资委员会（CFIUS）在跨国并购中将我国国有企业不加区分投资规模地全部纳入审核范畴，同样澳大利亚外国投资审查委员会（FIRB）在跨国并购中对我国国有企业一并全方位审查，在向欧美等国家通用标准看齐的情况下，“一带一路”沿线国受到此类国家影响而效仿采取类似措施。

“一带一路”沿线国的开放程度是有限的，对外资进入当地设置了多层限制。如对外国的企业和资金仅限于投资某些特定行业，或者是要求外国资本须通过合资的方式设立企业，限制国内外资本的比重。在对外资的歧视主要表现在电信、媒体、金融、采矿等行业。在针对我国的歧视性政策

① 梁贵超：《海外中资企业劳工问题探析》，《文史博览（理论）》2012 年第 12 期。

中，如印度在1968年颁布的“敌国财产法令”，[1]该法令中规定了有关搜查印度境内中国与巴基斯坦公民和公司财产的内容。在2015年印度出台法案规定包括中国、巴基斯坦、尼泊尔在内的多国若要获得印度不动产需要经过相关部门的严格审查。[2]哈萨克斯坦《土地法典》规定当地民众可以拥有私人农业用地、住宅用地、商业用地、工业用地，国外法人、自然人只能租用土地且限制年限。[3]我国企业对“一带一路”沿线国投资中面临的土地问题应给予正视，沿线国家对于我国“走出去”企业的土地获取设置严格限制，土地的使用中涉及较为敏感的企业、政府、民众间关系，针对发展程度较低的国家的土地管理不规范，在土地租赁和使用中容易引发问题产生纠纷。如我国进入老挝的某企业进行投资过程中涉及当地拆迁，在企业如实交付相关费用后老挝政府未能将土地及时发放，造成当地民众的抗议，引发中企在当地经营的困境。在能源和资源项目中，中亚地区部分国家对最低注册资本的要求是15万美元，外资的占比须低于30%，在石油开采领域尤其表现出歧视性分配及高税赋，外资退出时通常面临着裸退的风险。[4]

有的沿线国家对某些行业设置了准入壁垒或政策限制，这对中国与这些国家开展项目合作造成不便。在《中国企业国际化报告(2014)蓝皮书》[5]中统计2005年到2014年我国“走出去”的案例中失败案例共计120起，其中1/4的失败案例是政治原因导致，8%的失败案例是在审批环节受到当

---

① 将“敌国财产法令”翻新，迷之自信的阿三到底是恬不知耻还是将有大动作？载和讯网 http://news.hexun.com/2017-08-24/190571056.html，2017年8月24日。

② 文祥：《“一带一路”投资规则发展趋势及协调策略》，《理论视野》2017年第12期。

③ 宋伟锋：《“一带一路”背景下新疆企业“走出去”法律保障研究——以克拉玛依市企业海外能源投资服务为例》，《行政与法》2018年第1期。

④ 山旭：《“一带一路”建设中政策沟通有多重要》，载环球视野网 http://www.globalview.cn/html/strategy/info_1946.html，2015年3月24日。

⑤ 王辉耀主编，孙玉红、苗绿副主编：《中国企业国际化报告(2014)蓝皮书》，社会科学文献出版社2015年版。

地政治力量的阻碍和干涉。中亚国家在能源行业制定了较为严苛的市场准入限制，如哈萨克斯坦近年来对石油、天然气等资源加强了国家控制力度，规定国家对矿产品的交易和地下资源利用权的转让有“优先购买权”，对未来外国投资者进入和退出哈萨克斯坦矿业市场，特别是收购哈萨克斯坦矿业企业，构成了实质性障碍与风险。此外，在油气行业要求“哈萨克含量”，即各类公司在经营活动中必须达到一定的本地采购比例。而在实际生产过程中，很多需要采购的商品十分匮乏，若完全遵守“哈萨克含量”，将给企业运营增加巨额成本。①

(三) 技术歧视

过去一段时间，有关我国产品质量低下、技术含量低等负面评价对我国的对外贸易造成不少负面影响。例如我国的钢铁行业，钢铁产能过剩、大量出口、价格低廉、技术含量低都成为进口国对我国钢铁贸易的不满意因素。国际市场上，通常将对我国产品质量、生产技术的质疑和不满引发的中企的隐形损失通常定义为进口国对我国企业存在“技术歧视”。技术歧视的发展最终引发的是技术壁垒，投资目的国往往通过出台法律法规、设置技术标准等方式提高对引进项目的技术保护，增加了中国企业“走出去”的难度。据统计，2016 年我国有 40%的企业遭受过技术比例限制，共计造成 900 多亿美元的直接损失。在“一带一路”倡议下“走出去”的企业很有可能也会遭受技术壁垒。“一带一路”建设中我国“走出去”的企业中包含大量的民营企业。民营企业在掌握核心技术和输出高端产品的能力上较为欠缺，在国际上更难以形成品牌认知度，造成我国“走出去”企业的类型主要集中在劳动密集型，而资本密集型产业的投资和高新技术产业的

① 文洋:《“一带一路”投资规则发展趋势及协调策略》,《理论视野》2017 年第 12 期。

投资相较而言甚是量微。行业标准与技术资质互认是我国企业“走出去”的前提条件。《标准联通“一带一路”行动计划(2015—2017)》虽已发布,但即便是针对基础设施、装备制造等具有相对优势领域,我国的产业标准及技术资质在国际上仍然不能完全得到认同。如土耳其等国家更多的是采用发达国家技术标准,对我国工程建设的标准考量更是采用超高标准;又如哈萨克斯坦在工程设计上多采用前苏联制造标准,我国“走出去”的企业在当地须重新获得认证,从而加大了企业的时间成本及经济成本。①据国家质检总局标法中心所作调查,超过80%的企业遭受技术壁垒最主要的原因在于信息不对称,不了解海外国家新采用的技术标准;其次是没有形成靠前主动的应对意识。根据《推动共建丝绸之路经济带和21世纪海上丝绸之路的愿景与行动》的精神,未来将对认证认可、标准、计量的多边合作进行加强,提高技术措施透明度以降低东道国的技术歧视。

(四)税收不公正待遇

据统计,我国企业“走出去”进行海外投资面临的问题中有60%源于税收。②税收问题中税收歧视、税收争议等则是海外投资面临的主要问题。“走出去”的企业中,中小企业对于国际税收基本理论、东道国的税收协议等内容缺乏深入了解,很大程度上将面临税收不公正待遇的风险。

税收协定是两个或两个以上主权国家或税收管辖区,为了协调相互之间的税收管辖关系和处理有关税务问题,通过谈判缔结的书面协议。它是国际税收关系与税务合作的法律基础,③在保护跨国投资者的合法权益,促进双边或多边经济、技术、文化、人员交流方面有着十分重要的作用。我国

---

① 卢鹏起:《落实“一带一路”战略　企业走出去面临的问题及对策》,《中国企业领导科学》2016年第2期。

② 参见《国际税收合作提速助推“一带一路”》,《经济参考报》2016年9月13日。

③ 参见国家税务总局国际税务司副司长王文钦的访谈:《丝路远行　税收功课要跟上》,载中国税网http://www.ctaxnews,2019年6月2日。

“走出去”企业有些实际上并没有按照相应的税收协定真正地享受到国外政府提供的税收政策，还有部分未与我国签订相应的税收协定。此类国家的海外投资更容易遭受税收不公正待遇。在此方面，一个显著的例子是我国山东省某石油服务集团在哈萨克斯坦遭遇不公平税收待遇。①

该公司注册于山东省烟台市，于 2010 年进入哈萨克斯坦，在该国设立全资子公司，将其自有价值 1 956 万元人民币的设施装备租赁给子公司经营使用。公司六年的租金收入合计 5 300 万元人民币。哈萨克斯坦税务主管局知道子公司向母公司支付该笔租金，随即依照哈萨克斯坦税务法律法规要求对子公司就该笔租金代扣代缴所得税，税率为 15％。但是我国与哈萨克斯坦签署的税收协定第十二条规定，中企在哈萨克斯坦投资收取的租金收入按照特许使用权执行 10％的税率。母公司以此为据向哈萨克斯坦税务主管部门申请退税，但哈萨克斯坦税务主管部门依据其国内税法规定驳回了退税申请要求。

后经中国税务部门的介入，依照《中华人民共和国政府和哈萨克斯坦共和国政府关于对所得避免双重征税和防止偷漏税的协定》(以下简称《中哈税收协定》)规定的协商程序，指导该公司填写启动相互协商程序申请书，经山东省国税局向国家税务总局递交了《关于××有限公司申请启动税务相互协商程序的请示》申请，启动与哈萨克斯坦相互协商程序。经过两国的税务总局长久的谈判和磋商，哈萨克斯坦最终同意退税。2012 年 2 月 20 日，国家税务总局下达通知：哈萨克斯坦应按照中哈税收协定特许权使用费条款的规定，对企业租金收入按照 10％的税率征税。该公司在哈的税率下调为 10％，缴纳所得税从 795 万元降为 530 万元，并且哈方表示

① 参见《国际税收合作提速助推“一带一路”》，《经济参考报》2016 年 9 月 13 日。

同意在以后纳税年度内，排除使用先征后退方式，直接适用税收协定规定的限制税率。

企业“走出去”可能面临的重复征税、未能享受东道国的优惠税收待遇等税收歧视或遭受不公正待遇的风险，①企业若提请相互协商申请应按照《税收协定相互协商程序实施办法》(国家税务总局 2013 年第 56 号公告)的规定，提供完整准确的资料，以便国家税务总局有效地与东道国税务主管当局磋商，从而最大限度地保护“走出去”企业相关税收利益。

(五) 森严的劳工政策壁垒

劳动力在全球范围内寻求工作机会是人口流动最为普遍的动因之一。但由于各国和地区政治、经济和文化等各种原因，现状却是各国对人口流动自由度及就业自由进行较为严厉的管控，海外劳动力的流动自由被入境签证、居留证等加以限制。用工标准及工作许可证作为用工前提也限制了劳动力自由择业与就业，而东道国为保护本国的就业市场及本国的劳动力利益，对外来流入的劳动者加以各种限制。“一带一路”沿线国家大多是民族国家，很多还是单一民族国家，强调劳动力的本土化，对于劳动力的民族来源较为敏感，从而可能通过限制中国企业在当地的中国劳工的规模以实现对中资企业的劳动力来源比例加以制约。例如伊朗规定外国投资企业中的外国员工与本国劳工的数量比例不得超过 1∶6；②老挝则要求进入当地的外国企业雇佣非当地劳动力时，体力劳工的数量需在总人数的十分之一以内，脑力劳动者的数量则需控制在总人数的五分之一；③哈萨克斯坦不

① 崔晓静：《中国与“一带一路”国家税收协定优惠安排与适用争议研究》，《中国法学》2017 年第 2 期。

② 马战军：《伊朗外商投资法律制度中阻碍吸引外资的几个因素及其规避方法分析》，https://wenku.baidu.com/view/917978aff5335a8103d2201a.html，2020 年 4 月 25 日。

③ 引自老挝《政府关于外国人以经商和雇佣劳动方式在老挝谋生问题的处理方针和办法的决议》第 2.5 条，https://wenku.baidu.com/view/73b02268b84ae45c3b358caa.html。

仅要求投标项目在当地注册，还要求运用的设备、材料的当地成分高达80%以上，当地劳工数量与引进国外劳工数量比例也从原来的10∶1变成33∶1，劳务许可发放逐渐缩紧，而且除中石油外的施工队伍进入哈萨克斯坦的难度极大。这也促成大量企业通过非正规的方式引进劳动力。这就给包括当地警方在内的各部门以查明验证证件、安全检查为由不断干扰中企经营的机会。而企业罚款、工期受损等问题不断突出，又造成劳工的用工安全问题及与当地管理部门产生多重纠纷。①我国已经“走出去”的部分企业存在大量使用中国劳动者的倾向。在面临这些对外劳务雇用的限制时，中方投资者通过不符合当地规定的方式雇用我国的劳工，甚至有极个别通过贿赂海关被输送到海外的劳工，从而使得劳工缺乏合法的就业身份。这样，就在出现问题时，难以诉之于当地政府的保护。

（六）不合理的环保压力

我国企业与“一带一路”沿线投资目的国之间就环境问题同样容易引发冲突。我国企业在东道国被抵制甚至驱赶的重要原因之一即为环保问题。我国企业在海外投资中面临的环境压力主要来源于以下原因，首先是部分沿线国对内部的有关环保法律法规更为严格和复杂。如中东欧国家制定一系列环保规范详尽细致，以显示其对环境保护的重视，典型国家如捷克对涉及空气、水、河流、土壤等领域都制定环保规范。而我国大多数企业在环境保护方面则缺乏针对绿色环保的统一标准及统一措施，导致海外项目在具体实施过程中遭受到来自当地的环保机构、民间组织的抗议和阻碍。如2015年在“一带一路”框架协议下我国与蒙古国达成的协定，中企在蒙古国投资多个水电站项目，其中一个重点项目即建设埃金高尔水电

① 宋伟锋：《“一带一路”背景下新疆企业“走出去”法律保障研究——以克拉玛依市企业海外能源投资服务为例》，《行政与法》2018年第1期。

站。但在项目立项过程中遭到俄罗斯的强烈抗议。①俄罗斯“绿色和平组织”总经理谢尔盖·茨普料纳克提出：埃金高尔水电站的立项河流是贝加尔湖的重要水源。②贝加尔湖作为世界文化自然遗产，国际自然保护组织须对该项目进行评估，评估结果出来前应冻结项目开展。由此 2016 年 6 月该项目被以“生态保护”之名而冻结。③其次是中企中部分企业没有足够了解沿线国的环境法律规范及相关监管体系，绿色环保意识薄弱，或在了解当地投资规范的情况下，采取的规避投资限制方式给当地国家造成环境污染，给中国企业海外投资造成“环境殖民主义”的负面评价。④如加纳规定在其国内投资金矿须通过加纳证券市场投资，并且在加纳上市的金矿都属于大型金矿，外国的投资者不能投资中小型的金矿，须由本国人自己经营。⑤我国进入加纳的一些企业则通过与当地中小矿主签订租赁协议，并通过最原始的淘金方式开采，其结果造成当地水土流失、环境污染，引致当地政府反感。⑥我国企业“走出去”习惯于通过政府层面疏通，对当地基层情况缺少征询和调研，致使中国企业无法获得沿线国家及时更新的环境风险真实资讯，获取的信息严重滞后。最后，我国在“一带一路”沿线的投资环境保护上，企业自身环境管理不到位。如 2015 年 12 月《纽约时报》报道了我国某电气集团有限公司在越南某地投建的火电工程项目选址位于一幼儿园附近，火电排放的煤灰被认为影响当地居民身体健康。其他类似的火电设施被认为导致当地雾霾加重，空气遭受污染。就目前我国的火电工程项目而

---

①②③　梁亚宾：《一带一路的实质、风险与未来》，载人民论坛网 http://politics.rmlt.com.cn/2016/0916/441527.shtml，2016 年 9 月 16 日。

④　文祥：《“一带一路”投资规则发展趋势及协调策略》，《理论视野》2017 年第 12 期。

⑤　韩良：《“一带一路”与中国企业海外投资面临的法律风险及其防范》，载法律教育网 http://www.chinalawedu.com/web/23183/jx1610084470.shtml，2016 年 10 月 8 日。

⑥　韩良：《“一带一路”与中国企业海外投资面临的法律风险及其防范》，载京都律师事务所网 http://www.king-capital.com/content/details49_12146.html，2016 年 11 月 17 日。

言，技术成熟，环保措施先进，而《纽约时报》报道的造成负面影响的，则多数是项目经营者对于人员管理缺乏技能培训而造成操作不当，或者疏于环境管理和监管所造成的。①

(七) 文化偏见

在企业“走出去”的过程中最易被忽视的问题之一是文化偏见，甚至歧视。“文化歧视”是指在输出国与东道国之间因为文化背景的差异造成的消费偏好的不同，从而对企业的投资活动产生不确定性的影响，②如在我国进入西方国家投资过程中，西方国家会有一种本能的抗拒，其中很重要的一个原因在于担忧异域文化的输入破坏本土文化的统一与和谐。如20世纪60年代，美国“可口可乐”进入欧洲市场时也曾遭到强烈抵制。当时欧洲人普遍认为，美国是借“可口可乐”的出口，输出美国文化，甚至可能利用可口可乐公司在欧洲的营销网络从事间谍活动。他们甚至还造了一个词：“可口可乐殖民化”(Coca-Colonization)。同为西方范畴的欧洲和美国尚且如此，对于意识形态差异很大的中国而言，西方国家或民众的抗拒可能就更严重了。

“一带一路”横跨亚欧非三洲，连接数十亿人口，自古以来就是文化交流重要通道。但不得不承认的是，“一带一路”倡议提出的几年来，国际合作中的文化交流仍不够深入，双边或多边文化合作机制尚不够完善；沿线各国、各民族之间尚未建立充分的信任，加之受利益的驱使和区域保护政策等影响，并未完全建立跨区域、跨文化的交流与合作。主要文化风险首先是语言文化差异。沿线涉及语言多达1 000余种，其中官方语言或国语

① 杨昆、石峰、范纹嘉、许乃中、周国梅、张玉环：《“一带一路”建设火电投资的环境保护问题研究》，《环境与可持续发展》2017年第5期。

② 朱兴龙：《中国对外直接投资的风险及其防范制度研究》，武汉大学博士学位论文2016年。

就有60余种。跨文化的沟通、交流和协作本身就是挑战，容易因理解偏差和错误造成分歧和矛盾。①我国企业文化可能与其他欧亚等国家形成文化冲突，文化方面的差异又极易拉低工作效率；其次是宗教信仰的不同，“一带一路”沿线许多国家宗教信仰氛围浓厚，在项目建设中容易因宗教习俗和禁忌不同而引发矛盾。最后道德和习俗方面，也可能引发分歧和矛盾。

第二节　我国劳动者域外劳动权利保障问题

企业“走出去”不可避免地会将本国劳动力输出到域外。域外劳动力也是我国对外交流的主体，保护我国在域外劳动者权益是保护国家利益的重要方式之一。2016年“中欧与全球化智库一带一路研究所”在北京对“一带一路”沿线国家进行投资的有关国企业的员工的安全和海外安保风险进行调查研究。研究中提出我国的企业在沿线国中分布多位于战争频发、恐怖主义肆虐的国家和地区，我国资金和劳动力大规模“走出去”，使得我国海外利益遭受威胁以及面临政治风险剧增。恐怖袭击、刑事犯罪、区域动荡、劳务纠纷等原因让域外劳动者劳动权利、生命安全及财产等频频遭受侵害。如何保障海外劳动者权益，是我国实施“走出去”战略的关注点，一方面防范海外投资风险、减少海外投资损失，另一方面亦是有力践行“一带一路”倡议宗旨的体现。我国的域外劳动力输出主要体现在：境内法人劳务派遣、境外兴办法人人员派出、工程承包劳务输出、民间劳工输出等。如此多种类的海外劳动者及众多的“一带一路”参与国在政治、宗教、经济上的差异，致使我国海外劳动者权益在当地受到极大威胁。

---

① 王怀清、卢科帆：《“一带一路”对外基础设施建设主要风险及对策研究》，《经贸实践》2018年第10期。

我国域外劳动者劳动权利保障现状

域外劳动者权利的保护应给予特别关注的原因在于域外劳动权利更容易受到侵害，工作环境、薪资待遇基于人身安全都不能得到保障的情况不容忽视。我国劳动者在投资目的国的劳动权利得不到保障的状况有损于我国国际社会的地位及声誉，阻碍国际经济的健康持续性发展。同时由于海外劳动者权利保护一定程度上关系着身后的家庭等人群的情感和利益，若没有对该类劳动者权利给予重视，容易造成社会发展不稳定。

(一) 获得劳动报酬权

在劳动者权利中最为基础的即是获得劳动报酬权，主要权能表现为报酬商议权能、报酬请求权能以及报酬支配权能，但是在域外国家或地区，我国劳动者在当地的工作中此权能却并不一定能得到相应的保障，恶意拖欠工资与拖延工作时长是最为常见的对劳动权益侵害的表现。在劳动合同中约定的工作条件并没有如实提供，真实的工作情况并不能在劳动者出境之前被了解和知悉，承诺的劳动权利保障并得不到兑现等问题，在域外可能表现得更加明显与频繁。在外务工人员的期望薪资比国内高，但亦有可能高薪只停留在口头，现实却是海外雇主拖欠薪资、克扣工资。如 2014 年吉尔吉斯斯坦的一家炼油厂因未向我国劳动者支付曾承诺的工资，我国劳动者因此举行示威游行，最终 39 名人员被当地警方拘留。又如，某国内中介机构在广告中表明赴罗马尼亚工作的薪资较高。但实际上罗马尼亚工资比广告中所说的每月要少六千多元人民币，且雇主会对雇员的工作进行评级，并根据结果对工资进行扣发。①2015 年几内亚发生的劳资纠纷，一方面是劳动者的预期收益远低于合同中承诺的薪资待遇；另一方面是因为境

① 林芮：《“一带一路”背景下我国跨境劳动者权益保障的困境与对策》，《山东工会论坛》2018 年第 5 期。

外的雇用者资金链断裂从而拖欠劳动者薪资或者降低劳动者的工作条件。劳动者为雇主创造了价值，应当得到合理的工资报酬。但有时却发生海外员工与当地劳工相比同工不同酬或事多工酬少，低于集体合同工资标准，甚至低于法定最低工资标准的情况。海外劳动者的劳动报酬商议权多是有名无实，劳动报酬的确定由处于绝对优势的雇主单方决定。海外劳动者存在着短期停留特征，因此他们希望能通过最快的速度以最低的成本进入工作获得工资，而通过中介公司经劳务介绍并向中介公司缴纳高昂的中介费的劳动者，基于想快速获得工资覆盖成本的想法，会将工资待遇、福利待遇标准降低。海外当地的雇主也同时利用了劳动者的这一就业心理压力和状况，极力压低劳动者的薪资待遇，克扣、拖欠、拒付等情形更是频频上演。

(二) 休息休假权

休息休假是劳动者应当享有的基本劳动权利之一，但在实际工作中，海外雇主为了降低生产成本通过延长上班时间增加劳动强度获取最大化的经济利润，往往加班时间长、休息时间少。甚至出现无偿加班，不按照合同约定提供相应的休息时间或支付相应的加班薪资，有时还利用威胁逼迫手段强制劳动者完成超额工作量，严重损害我国在域外工作的劳动者的休息休假权利。国务院出台的《对外劳务合作管理条例》中对外派的劳动者工作时间、休息休假等作出了相应规定，但实践中存在海外雇主不遵守相关规定的情形。超时加班的海外劳动者有时甚至每周工作 7 天，每天工作时间高达 14 个小时，一个月的休息时间仅为一至两天。长时间的超负荷工作对劳动者的身体状态及精神状态都会造成极大的损害。但由于护照被劳务中介公司扣留，劳动者难以作出随时回国的选择。我国曾有数千名宁波劳动者在与劳务公司签订劳务输出合同时，工作时间约定为每周 6 天共45小时，或每周工作五天共45小时。该批员工到达太平洋某岛国后，长期工作超负荷，平均每天工作近16个小时，住宿条件拥挤高温。长期处于如此恶劣的环境中，劳动者承受着巨大的心理压力，不能提前解约也不能罢工，因为二者都属于违约情形。超负荷的工作不但不能获得休息时间的调整，也不能获得加班工资。尽管海外当地国家对于劳动者的劳动时间作出了明文规定，但实践中海外雇主常以劳动者自愿加班为幌子侵犯劳动者的合法休息权利，致使休息休假权形同虚设。

（三）劳动安全权

劳动安全权，又称为劳动保护权，是指劳动者应当在安全卫生的环境下进行劳动的权利。而用人单位有义务提供这样的劳动环境。根据我国《劳动法》和《劳动合同法》的规定，我国劳动者有获得劳动安全卫生保护的权利，劳动合同中必须约定“劳动保护和劳动条件”的条款，并且规定“未按照劳动合同约定提供劳动保护或者劳动条件的”，劳动者可以立即解除劳动合同。在“一带一路”的沿线国家中，诸如哈萨克斯坦、印度、伊拉克、叙利亚等国家，近年来的国内政局动荡，或者是处于社会转型的关键时期，国内的经济矛盾较为突出，暴力冲突等造成社会环境混乱，我国劳动者在当地的劳动安全保护权利保障常受到威胁。2014年受伊拉克局势影响一千名左右的中国工人困于伊拉克；2017年阿尔巴尼亚某工程施工现场发生爆炸事故，3名中国工人遇难；2014年越南发生针对中资企业的严重暴力事件，三千多名中资企业的工人在大使馆的协助下才被送回国内。①我国劳动者域外就业的行业通常是建筑业、服务业和制造业等，而且均从事一些当地人不愿从事的危险工种，加之“一带一路”沿线国

① 李先波、李娜：《“一带一路”倡议下境外务工人员权利之保护》，《湖南师范大学社会科学学报》2017年第5期。

家中多数国家不是发达国家，为我国劳动者提供的工作环境相对而言较差。海外雇主可能违反行业就业的安全规定（甚至当地根本就没有劳动安全标准），难以给出国就业劳动者提供安全的工作环境，造成海外劳动者的劳动安全及卫生保护受损现象时常发生。如非洲地区的气候潮湿炎热，卫生条件远远不能达到“安全卫生”工作环境的标准，海外劳动者还可能接触到埃博拉、疟疾、炭疽杆菌等有害病菌，如无防护措施则可能被感染；对接触粉尘、高温、激光、电磁辐射及腐蚀性的化学物品的工作中仅有少数工作人员表示工作环境良好。我国海外劳动者不能参加当地工会组织使得我国劳动者不能参与正式的集体谈判，又难以通过工会的力量有组织地维权，常通过罢工或者游行示威的方式维权抗议，但此种方式极有可能会使劳动者被强制遣返，劳动者的人身安全也极易遭受到威胁。

（四）社会保障权

社会保障是一个国家应对劳动者承担的法定义务，也是劳动者的法定权利。我国宪法、劳动法和社会保险法均作了明确的规定。我国法律中规定的社会保险包括养老保险、医疗保险、工伤保险、失业保险和生育保险等。[①]在参与对外劳务合作中，我国域外工作的劳动者无论是与国内企业还是与当地企业签署合同，作为一方当事人应当享有社会保障权。海外劳动者对域外工作环境相对较为陌生，面临着比当地劳动者更多的风险，提供社会保障是为海外劳动者增强抵御社会风险的能力，但是有时海外雇主为减少用工成本，对海外进入当地的劳动者应当享有的各种社会保障待遇不同程度地进行克减。海外劳动者在社会保障方面面临着诸多问题，如社会保障的双重覆盖及双重缴费，社会保险待遇支付存在障碍等。加之海外劳

① 上海市于2018年试点增设了长期护理保险，并将生育保险并入医疗保险。

动者在跨国流动过程中由于不能满足当地的最低居住时间及社保缴纳最低年限,造成部分劳动者无法享受当地社会保险待遇。

此外还有一种情形,在实际海外劳动过程中,中方雇主长期少缴、不缴海外劳动者在当地的社会保险费用,或者通过瞒报、虚报方式减少社会保险费用缴纳,海外劳动者因此在失业、工伤、退休、疾病、离境时不能获得相应足额的社会保障待遇。海外劳动者离开域外国家,存在着因缴纳社会保险年限不够而无法领取社会保险金,或者是因为东道国无法将国内社会保障系统与我国的社会保障进行接轨,也会造成海外劳动者在回国后无法得到社会保障待遇,且海外劳动者已缴的社会保险费无法追回。菲律宾在面对派到海外工作的劳动者,有关部门要求中介机构必须为这些海外就业人员参加强制保险,保险费由中介机构承担,中介机构向海外就业管理当局提交了所有海外劳动者已参加强制保险的证明材料后,才能获得海外就业证明,强制保险中包括了医疗险、死亡险、雇主无故裁员险及劳务合同终止劳动者回国险等,较为全面且细致地保障海外劳动者的权益。

第三节 我国企业遭受域外劳动保障法律制约问题

企业“走出去”,不仅劳动者可能受到投资目的国(地区)当地的劳动保障法律制约,或者得不到当地劳动保障法律的保护,企业也有可能会成为当地劳动保障法律的制约对象,劳动保障制度更有可能成为阻碍其投资和发展的壁垒。上一节主要从劳动者角度作了分析,本节将从企业角度展开讨论。

根据《2017—2018 中国企业“走出去”调研报告》,在 120 个受访中国企业中,61%的企业出现过个别劳资纠纷,其中央企较为突出,占受访央企的

70%以上。企业投资面临的东道主国劳动法法律的阻碍主要包括：一是贸易保护问题。由于近年贸易保护主义的抬头，以及为了缓解本地的就业压力，许多国家对于外籍员工的雇用作了较为严格的限制。二是当地工会问题。由于我国与其他国家工会制度存在差异，导致我国企业在海外投资设厂时可能在处理与工会的关系时存在一定的困难，造成企业投资的损失。三是东道国的用工制度与我国差异可能较大，例如工时、工资方面的规定。这使得我国企业在不了解对方制度时，对投资效率造成误判，投资后又不得不遵守当地的制度，从而造成企业的生产成本和生产效率打折扣。

一、投资目的地法律对雇用外籍员工的限制

各国为了保护本地劳动者的就业机会，往往会对企业雇用外籍员工加以限制。具体采取的措施有“配额制”“缴金制”等，如泰国的“配额制”。泰国是“一带一路”海上丝绸之路的重要参与国，作为东南亚的第二大经济体有着较为包容的营商环境，许多中国企业将泰国作为海外投资的目的地。在使用外籍员工方面，泰国有专门的法律——《外国人工作法》，[①]规定所有外籍员工都需要取得工作证后才能在泰工作（包括公司的外籍董事），且雇用外籍员工的公司需满足两个条件，第一，每实缴 200 万泰铢资本可办理 1 个工作许可；第二，每招聘一名外籍员工需同时招聘 4 名泰籍员工。对中国企业而言，办理工作许可将增加其投资成本，而外籍员工与本国籍员工 1∶4 的比例限制会对某些企业的发展产生阻碍。例如某个企业岗位所需的是具备某项熟练技能的工人，而当地并不能够满足企业的要求。而企业若想雇用掌握熟练技能的原中国公司的员工则必须根据法律规定同时

① 载新浪财经网 http://finance.sina.com.cn/roll/2017-02-06/doc-ifyaexzn9103165.shtml，2017 年 2 月 6 日。以下关于泰国法律制度可参见商务部《中企对泰国投资指南》。

雇用四名当地员工，导致企业的工作效率降低，从而间接增加企业投资成本。

2017年6月23日，泰国《管理外国人工作谕令》对《外国人工作法》的规定进行了大量实质性的修改，进一步强调了对外籍劳工的限制管理、政策执行和合法权益保护，同时制定了严苛的处罚措施。相较《外国人工作法》，对于雇用无工作许可外籍劳工的企业罚款400 000到800 000泰铢，对于劳动内容不符合工作许可的企业最高可罚款400 000泰铢，对于工作条件不符合工作许可的企业最高可罚款100 000泰铢，对于因紧急或必要事由用工未通知主管部门的企业罚款20 000到100 000泰铢，对于没收劳工工作许可或身份证件的企业最高可执行6个月监禁和/或最高100 000泰铢的罚款。而违反劳动法的规定可能会承担刑事责任的处罚。

与“配额制”相比，“审批制”更加直接，这方面比较明显的是印度尼西亚。印度尼西亚是连接亚洲和大洋洲、太平洋和印度洋的交通枢纽，是东南亚第一大经济体。印度尼西亚人力部规定雇用外籍员工，雇主必须获得经印度尼西亚人力部批准的外籍劳工雇用计划（RPTKA）或根据该规定的程序任命管理人员。申请过程和文件准备均较为复杂。①此项规定限制了中国投资企业的人事任免权，对我国投资企业的人事调整产生限制（这一义务不适用于政府机构、外国和国际组织的代表、社会机构、宗教机构和教育机构，以及雇用依法享有公司股份的外国人担任董事会或董事会成员的雇主）。还规定企业必须任命印尼员工向外籍雇员学习新技术和技能，并为印尼雇员提供培训。在RPTKA计划中，雇主应说明雇用外籍员工的原因、拟雇用外籍员工在公司组织结构中的地位和/或职位、外籍员工的雇用

① 参见中华人民共和国驻印尼大使馆商务参赞处网页：id.mofcom.gov.cn/article/sxtz/2019.3.8。

期限等。这几项规定，增加了投资企业雇用外籍员工的成本和程序上的成本，而强制允许提供印尼员工向外籍员工学习新技术和技能也存在着造成投资企业核心技术泄露的风险。

二、投资目的国企业工会制度造成的障碍

2017年6月12日，《纽约时报》刊文《中国工厂遇到了美国工会》，报道了中国民营企业福耀集团美国工厂正面临着全美汽车工人联合会（United Automobile Workers，简称UAW）发起的激烈工会对抗运动。[①]当时，国内各家媒体纷纷转载报道，福耀公司与美国各级工会的纠纷在海内外都引起了极大的关注。在全美汽车工人联合会的协助下，多名福耀美国公司工人向美国联邦职业安全与健康管理局递交联名信，举报福耀工厂的工作环境问题。2016年11月，美国联邦职业安全与健康管理局对福耀的一些违规行为处以逾22.5万美元的罚款（后改为10万美元）。美国的工会并非一个全国性统一组织。每个工会可以独立地制定不同的政策方案，从而代表某一地区特定行业的工人进行活动。工会组织之间亦不存在上下级关系。此外，美国工会由于不受政府干涉和政策影响，为了追求成员利益的最大化以吸引更多成员，其较少考虑其行为和要求对企业和社会可能带来的负面影响，有时甚至可能会激化员工和企业之间的矛盾。[②]

在“一带一路”倡议的背景下，福耀美国工厂遇到的工会问题，中国的投资企业也会在“一带一路”沿线国家同样面临。例如印度尼西亚的法律规定，若工会登记备案并取得登记号则可行使如下的权利：与用人单位协

---

① 虽然美国不是“一带一路”沿线国家，但由于福耀玻璃投资美国一事具有典型性，且深受舆论关注，在此一并进行分析。

② 邹荃：《中国工会立法的现状与发展——从中美工会立法比较视角》，《人民论坛》2013年第11期。

商集体劳动合同，在劳资纠纷中代表劳动者与用人单位进行谈判协商，在人力资源机构中代表劳动者进行相关工作，设立自己的机构或开展活动以提高劳动者的福利待遇，开展其他与劳动或就业相关的活动。并且印尼的法律明确规定了用人单位不得干预工会的活动，若用人单位违反法律明文禁止的方式而干预工会的规定，用人单位的法定代表人将会受到 1 年以上 5 年以下的拘留处罚，或 1 亿印尼盾（约合人民币 5 万元）以上 5 亿印尼盾（约合人民币 25 万元）以下的罚款。①据此可知印尼法律赋予了工会诸多权利。又比如对于与员工利益影响重大的决定，用人单位须征求工会的意见，这就意味着若用人单位不能处理好与工会的关系，会导致部分公司决策由于无法得到工会的支持而出现僵局。印尼一些工会组织时常会组织员工罢工以抗议公司决议，或组织游行示威活动以为劳动者争取更多福利。例如在 2017 年 5 月，美国自由港迈克默伦铜金矿公司印尼分公司因与政府产生采矿权纠纷，为了降低成本决定裁掉约 10%的劳动力。该分公司工会带领上千名员工罢工并在公司附近集会，抗议公司的大规模裁员，导致公司较长时间停产，公司的增产计划受到严重影响。

由于中外工会制度的不同，中资企业在长期缺乏与工会组织进行集体谈判经验的情况下，容易忽视工会相关法规，对工会中比较活跃的分子采取扣工资或解雇报复措施。此举极易进一步激化劳资关系的矛盾。如缅甸的百艺服装厂事件中，企业解雇工会领导的行为便涉嫌报复性解雇。最终大量员工对工厂的冲击造成约 75 000 美元的损失，工厂被临时关闭，某国际著名服装品牌也宣布暂时中止与百艺的供应合作。②百艺服装事件警

① 彭晓钊：《印尼经济发展的制度因素分析》，厦门大学硕士学位论文 2018 年。

② 班小辉：《“一带一路”沿线民主转型化国家中企业劳工风险问题——以缅甸为例》，《中国劳动关系学院学报》2019 年第 1 期。

示中方投资企业要遵守东道国工会相关的法律法规，学会与工会相处。如果处理不好与工会的关系，则容易引发企业内部大规模的罢工进而导致停产造成损失，同时企业的形象也会受到负面影响。

三、投资目的国劳动标准差异产生的负担

在劳动标准上，中国投资企业必须要特别重视的是工资、工时制度方面的中外差异。工资、工时与劳动人员的直接利益相关，工资、工时问题是引发劳资纠纷的重要原因。在工资、工时方面投资企业可能面临的投资障碍有：一是工资发放方面。由于文化、生活习惯的差异，部分劳动者习惯每周结算工资，困扰中国企业的是，领到工资的劳动者会在工资用完后才再次参加工作，从而造成工作中断、岗位空缺等问题。二是加班工资、加班时间方面。中国员工在中国企业可能加班较多，但是“走出去”的企业面临的东道国的加班制度和文化却并不同于中国。有的国家法律规定的比较高昂的加班补偿会使企业的整个用工成本提升。对于工时的规定也会对企业的生产运作产生影响，“走出去”的企业应该特别关注东道国国家有关此方面的特别规定，避免因为此类问题与当地员工产生严重的纠纷以至于损害企业声誉。例如，印度尼西亚的法律对加班时间以及加班补贴有明确且详细的规定，用人单位要求员工在正常工作时间以外工作必须支付加班费，且每天最多只能加班 3 小时，每周加班时间不超过 14 小时。①马来西亚有关工时方面还有一特殊规定，雇员不可以在其服务合同下工作超过连续

① 具体规定：加班 1 小时的加班费率是每月固定工资加津贴的 0.58%。在工作日的加班费的计算方法是：第 1 个小时的加班费是 1.5 倍加班费率；超过 1 小时的加班费是 2 倍加班费率。如果加班是在节假日，且员工每周正常工作天数是 5 天，则加班费的计算方法：前 8 个小时的加班费是 2 倍加班费率；第 9 个小时的加班费是 3 倍加班费率；第 10 和第 11 个小时的加班费是 4 倍加班费率。如果加班是在节假日，且员工每周正常工作天数是 6 天，则加班费的计算方法：前 7 个小时的加班费是 2 倍加班费率；第 8 个小时的加班费是 3 倍加班费率；第 9 和第 10 个小时的加班费是 4 倍加班费率。

五小时而无三十分钟闲暇时间，但若雇员的工作是必须不停地进行，或需要不断地照顾，可连续工作八小时。不过，在此时间中必须给不少于四十五分钟时间，让他有机会进食。三是在休息休假方面。由于文化、宗教差异，“走出去”的企业会面临东道主国家当地员工下午茶、宗教礼拜的习惯。如果企业在招聘中排除有宗教信仰者，会导致可以招聘的员工大大减少，而且还可能涉嫌歧视、侵犯劳动者宪法权利。

在海外，雇主违反当地劳动标准的法律责任也应当引起“走出去”的企业的重视。违反东道国工资、工时、休假等法律法规时，企业面临的不仅是民事赔偿责任和行政处罚责任，情节严重的甚至可能受到刑事处罚，对直接负责人员处以监禁或有期徒刑的刑罚。如在泰国，雇主若未及时支付工资，除民事处罚外，情节严重的情况下，雇主还将会被处以不超过 6 个月的监禁，罚款不超过 10 万泰铢，或两者并罚；在印尼，雇主如果工资支付未满足最低工资标准，或者未满足员工的休息休假要求，可能面临 1—4 年监禁和 1—4 亿印尼盾的罚金；在菲律宾，雇主若违反工资支付、拖欠工资或不支付加班费规定的，违反工时休假相关规定的，处以 1 000 比索到 10 000 比索的罚款，或单处或并处三个月以上三年以下的监禁。且外籍人士违反相关规定，在刑期满后，将被立即驱逐出境。①在俄罗斯，雇主不支付员工劳动合同内规定的工资，或超过法律规定工作的时间而长时间工作不给员工休息，或违反休息休假法律规定，无特别情况，要求员工在法定休息时间内到岗工作，雇主将被科以 30 000—50 000 卢布的罚金，负责人将受到 1 000—5 000 卢布的处罚，多次违反的情况下，负责人可能面临最高 1—3 年的监禁，或 20 000—30 000 卢布的罚金。

---

① 钱叶芳、徐顺铁：《“996 类工作制”与休息权立法——资本与法律的博弈》，《浙江学刊》2019 年 9 月第 7 期。

可见,我国企业“走出去”,劳动者和企业均可能面临诸多法律问题,企业稍有不慎即可能违反法律规定,轻则经济损失,重则遭受法律更为严厉的制裁。我国企业必须加以重视。

第四节　其他与劳动保障法律相关的问题

一、海外劳动者人身权益遭受侵犯

海外劳动者人身权益受侵犯,首先体现在人格尊严受侵犯。人格尊严是作为人而应享有的基本人身权利。我国《宪法》第三十八条规定,中华人民共和国公民的人格尊严不受侵犯。禁止用任何方法对公民进行侮辱、诽谤和诬告陷害。我国的海外劳动者在就业的过程中易遭受雇主或当地公民的歧视、谩骂和侮辱,有时候境外雇主借助本土优势,对外来工作人员缺乏尊重。劳动者在工作中一旦出现失误,往往会受到体罚或凌辱等方式的惩罚。而海外劳动者通常选择隐忍,不向雇主伸张权利,或无力请求救济。

其次是人身安全和自由得不到保障。某些海外派遣企业可能缺乏海外劳动者派遣资质,此时便与境外用人单位伙同勾结,将我国国内劳动力以海外旅游、短期商务考察为名骗至境外从事劳动,俗称为“打黑工”。这类人员在境外难以获得合法的劳动者身份,不论是人身安全还是人身自由都难以得到保障。在域外劳动者的人身自由受到限制、无故被遣返或者是扣留护照等情况也成为了海外劳动者受到侵害的基本情形。此外因为出国务工的劳动者中相当部分的文化水平较低,经济条件困苦,在面对海外雇主的不合理要求时选择隐忍。雇主此时则可能采取更加放肆的方式剥削劳动者。其中更有部分女性劳动者受害尤深。海外务工的女性劳动者大多数文化程度较低,在海外多是从事家政或简易手工劳动,工作环境封闭且孤立，外界力量亦难以对其进行帮助，由此造成女性劳动者在从事这类工作中易遭遇剥削、欺压、侮辱，人身权利更难以保障。

最后，我国海外劳动者还可能因签证不规范、不合法面临被拘留、羁押（合法与非法皆有可能）等风险。如2009年前，印度给予我国国民申请工作签证的审核十分严格，必须高级技术人员或符合条件的管理人员才能获得签证，其他类型的工作人员通常情况下不予办理，并且签证的有效期较短，仅三个月，续签仍然要面临严格的审批程序。①此外不少海外工作者在当地持有的是旅游签证，期限较短。这也为劳动者可能遭受羁押埋下伏笔。如一些非洲国家政权变动较为频繁，办理工作签证的费用高昂，使得在这些地区工作的海外劳动者不少人面临签证不规范及非法拘留的困境。

二、域外劳动权利救济措施缺失

救济权虽然不是实体性权利，但是其重要性不亚于实体性权利。德国著名法学家拉德布鲁赫曾经说过：“与司法权永恒相伴的就是对权利的救济。”一名劳动者的权利受到伤害，但却无法得到救济，不啻于“二次伤害”，使受害人更加难堪与绝望。在中国企业“走出去”的过程中，劳动者权益受侵害后难以救济的现象时有发生。海外劳动者数量的大幅度增加同样伴随着大量劳工薪资纠纷的产生。纠纷发生时，域外劳动者不仅难以平等地与雇主进行谈判，甚至连沟通也困难。海外劳动争议主要包括雇用问题、劳工待遇、工伤赔偿等。一旦海外劳动者不能通过正常的申诉程序维护权利时，便希望通过罢工和示威游行进行自力救济，但此方式通常会遭受到当地政府的镇压和严厉处罚。劳动者面临的权利救济问题部分还来自对

① 周密、辛灵、赵芙：《中国融入全球劳动力市场的机遇与挑战》，《国际经济合作》2013年第7期。

外劳务合作企业以及东道国雇主。许多境外雇主无视合同及相关法律法规,故意责难、侵犯海外劳动者权益。海外劳动者的文化水平较低且经济条件困苦,面对海外雇主的不合理甚至不合法要求无法通过合法的救济途径维权。此外,各国政府就海外劳动者救济问题尚没有形成相对统一的解决方案,我国亦如此,这也是造成问题的根源之一。这方面较为明显的例子是我国海外务工人员的工伤救济问题。我国目前没有较为明确具体的海外劳动者的工伤赔偿制度,而与国外签订的协议中亦几乎不涉及这一内容。海外劳动者工伤赔偿的唯一依据是劳务合同,但是对外劳务合作合同、服务合同又往往忽视工伤条款的设置,[①]故欲依据劳务合同获得赔偿救济的可能性极低。若通过劳动争议仲裁或者法院救济,当用人单位是外国雇主时,海外员工一般不能在我国对外国雇主提起劳动仲裁,而只能在我国法院提起涉外民事诉讼。这又将面临时限长、程序复杂、费用昂贵等困难。即使采用在外国法院寻求救济,也将面临不熟悉国外法律制度、境外法院判决在国内执行的问题。这一系列的问题都充分说明我国对域外劳动者工伤损害缺乏较为完善的赔偿救济措施。

三、劳动者发展权利受到制约

海外劳动者工作期间较长,就目前海外劳动者在国外的工作年限来看,少则几年多则几十年,并且多以中青年及未婚者居多,其职业生涯中的黄金时间段都在外国度过。长期居留国外远距离交通不便等因素导致海外劳动者难以获得学习培训机会,对其个人发展产生较大制约。相当一部分海外劳动者因无法适应海外就业环境,或者是无法承担技术高要求,或

① 乔慧娟、田晓云:《论我国外派劳务人员工伤损害赔偿的法律困境及解决》,《中国劳动关系学院学报》2014 年第 1 期。

者因效率达不到要求，雇主通常将其解雇，完全不考虑为其提供劳动就业培训。这一点可能在“一带一路”沿线国家中表现得较为明显。对这部分劳动者而言，雇主常认为海外员工不具备语言优势、培训难度大、时限长且成本高，而投资目的国政府对雇主不提供海外劳动者就业培训的情况亦不加重视，政府在就业培训方面既没有颁发相应的强制性政策，也没有提供支持海外劳动者的培训基金。对于工程行业的劳动者而言，职业晋升容易遭受瓶颈和天花板，即使回国也会面临重新就业的难题。

四、海外劳务中介机构运行不规范

劳动者的人身安全及财产安全隐患较大程度上来自中介的不规范。如前文所述之情形，劳工在海外务工前中介公司通常会给予较高的工资待遇承诺，常常是国内工资待遇的二至三倍。但事实上这种高工资待遇建立在可以随意变动工资评级或加班时间的基础上。在劳动者实际进入外国或地区后，海外雇用者往往使用“评级”的方式降低工资标准，或者是减少加班时间等，劳动者实际得到的报酬完全不同于出国前的承诺标准；一些中介公司对输出的劳动力都是采取先办理短期签证，如旅游签证、商务签证等，然后到所在国后再想办法续签。中介公司在收取了中介费，并将员工安排至海外后，往往又将办理签证延期的责任推给当地雇主。商务部、外交部、公安部等部门于 2009 年实施的清理整顿外派劳务市场秩序专项行动，共抓获非法劳务输出犯罪嫌疑人 146 名，破获非法劳务输出案 112 起，总涉案金额达 2.6 亿元人民币。[①]此类情况在“一带一路”的建设中也同样存在。此外中介费用的收费方面也存在不规范现象，中介收费较高甚至

① 丁芳、林小燕:《“一带一路”战略下我国劳务输出研究》,《金陵科技学院学报》2016 年第 1 期。

连环收费等。除中介费用外，求职者还要缴纳诸如技能考试费、培训费、资格认证费、体检及签证费等一系列费用，且费用一旦缴纳很难返还。更有甚者，不少中介公司名为“海外劳务中介”，实为“偷渡”，劳动者一旦被外国有关机构发现后，将面临轻则罚款，重则坐牢的窘境，但却难以向“中介机构”讨还费用。

五、劳动者在海外难以组织工会

一般情形下，劳动者在就业市场上不占有生产资料，在劳动关系中处于相对弱势地位，组织工会是劳动者与雇主抗衡的最重要手段。海外劳动者在劳动力市场中同样面临着不均衡市场局面。在国际市场中东道国雇主占据的优势地位更加明显。域外的中国劳工在就业时无充分时间及成本来博弈，通常情况下多是被动接受雇主的约束及控制。加之我国在域外就业的劳动者自身维权意识低下，对其享有的法律上的劳动者权益不甚了解，更不要说通过法律的途径进行维权。域外劳动者除自身条件弱势，更难以组织工会进行集体保护，几乎处于无组织依靠的境地。海外劳动者出国之前无法现行成立工会，而我国国内的工会也未将海外劳动者作为自已组织、保护对象。①东道国雇主往往也会拒绝域外劳动者加入工会，例如赞比亚的法律规定，当地工会会员应当是当地人，管理人员不能参加工会，②没有工会成员的资格则难以保障参与民主管理、罢工、集体谈判等权益的实现，甚至会遭受到严重欺压；虽有少数的劳动者进入了工会，但因人数较少，亦难以为域外劳动者争取到相应的权利。

---

① 常凯：《论海外派遣劳动者保护立法》，《中国劳动关系学院学报》2011 年第 1 期。

② 王贵勤：《“一带一路”背景下境外中资企业和谐劳动关系建设研究——以中国有色金属公司在非企业为参照》，《中国劳动关系学院学报》2017 年第 6 期。

第三章
“一带一路”沿线主要国家和地区劳动法律制度分析①

第一节　中亚地区国家的劳动法律制度分析

一、该地区国家基本特点②

“一带一路”途经欧亚大陆腹地，哈萨克斯坦、乌兹别克斯坦、土库曼斯坦、塔吉克斯坦和吉尔吉斯斯坦均地处其中，属于中亚国家范畴。中亚五国北部紧连俄罗斯，西部则接近阿塞拜疆隔里海，南部与伊朗、阿富汗接壤，东部与我国西北部毗邻，总面积达400.65万平方公里。中亚五国自然资源十分丰富，以石油、天然气、有色金属等资源为主。由于五国地理位置等原因，常被作为一个主体进行讨论，但五国之间的国情又存在着较大差异，如哈萨克斯坦领土最为辽阔，是其他四国面积总和的两倍之多，也是目前全球领土面积第一的内陆国家；乌兹别克斯坦则是五国中人口数量最多

① 本章内容中有关各国家和地区的基本制度和劳动保障制度内容主要引自国家商务部《国别投资报告》等相关文件。具体可详见 http://fec.mofcom.gov.cn。
② 本章有关国家基本特点部分主要引自《辞海》等工具书，下同。

的国家，约占五国总人口的45.6%。

经过1991年国家相继独立后二十余年的发展，中亚五国经历了从计划经济转向市场经济的过程，并依靠自身储量较大的能源与原材料出口度过了独立初期的国家经济危机，近年来经济财政状况不断好转。但由于各国施行的改革措施不尽相同，力度也有所区别，因此中亚五国近年来的经济复苏呈现出的势头并不一致：哈萨克斯坦、土库曼斯坦以及乌兹别克斯坦的经济涨势较为强劲，塔吉克斯坦与吉尔吉斯斯坦经济发展则较为滞后。哈萨克斯坦的经济总量（GDP总量）在2017年超过了1万亿元人民币；而其他四国GDP之和也才8 341亿，仅占哈萨克斯坦的八成。总体来说中亚五国的经济总量仍然较小，属于“小国经济”。换言之，中亚五国的供需变化不会对世界市场范围内的价格造成剧烈影响，在世界价格上的话语权较弱。此外，中亚五国以资源出口型经济为特征，在制造业、工业等领域生产能力较弱，对外部市场有较大的依赖。这主要是由于其与苏联的历史原因导致的。苏联采取的计划经济体制内，中亚五国由于其天然的资源优势，是体制内重要的组成部分；在该时期，除去薄弱的工业基础，中亚五国主要以农牧业和资源开采为主。尽管1991年五国脱离苏联，相继成为拥有独立主权的国家，其工业配套生产能力依然较弱，对苏联的产业分工关系有着较大的依赖。经20余年的转型与改革，五国工业以及制造业等部门的生产能力依然无法完全独立。数据显示，2017年1—12月，哈萨克斯坦工业领域的份额仅为26.5%，其中又有大部分是由油气工业贡献所得。乌兹别克斯坦作为仅次于哈萨克斯坦的中亚五国第二大经济体，其农业部门所占比重更大，工业基础也更好；而土库曼斯坦、塔吉克斯坦和吉尔吉斯斯坦的工业制造业和产业配套能力相较另两国来说又更为薄弱。

从政治环境而言，中亚五国的政治态势近年来备受外界各国关注。原因在于五国正相继步入权力的新一轮交接，而此种交接是否会带来政治动乱以及经济动荡对于外界有着重要的意义。自中亚五国相继独立20余年来，中亚五国均选择了总统制，但由于国情的差异，总统制也表现出一定的差异。吉尔吉斯斯坦的政体改革路程是最受争议的：自2010年起，吉尔吉斯斯坦开始实行议会制国家制度，并于2017年总统大选中顺利实现了独立以来总统权力首次严格意义上的和平交接。这意味着议会制国家政治体制在吉尔吉斯斯坦得到了一定的认可，政局也逐步稳定，但新政府要如何在种种政治势力间保持平衡，聆听民意的同时实现经济增长，都是吉尔吉斯斯坦政府需要面临的严峻挑战。哈萨克斯坦则选择稳步推进政治制度转型，试图以政党建设为基础，逐步扩大议会和政府的权力，向总统议会制或议会总统制方向发展，也因为议会权力比重较大，总统与议会之间常围绕权力展开争夺。土库曼斯坦和塔吉克斯坦两国则坚定地执行总统制，继续加强和巩固总统权力，便于应对反对力量。乌兹别克斯坦亦施行集权总统制，虽设有议会，但总统牢牢掌握着国家大权，议会成为形式上的立法机构。

中亚地区国家均是多民族国家。其中民族数目最多的哈萨克斯坦达130个，乌兹别克斯坦129个，民族数目较少的也有几十个；该地区每个民族都有自己特定的宗教信仰，因此中亚五国教徒众多，教派林立。中亚地区宗教活动对社会生活和政治生活影响极大。

二、该地区国家劳动法律制度概览

中亚国家的劳动法律制度与我国较为相似，但该地区矿产资源丰富，我国企业投资又大多集中于能源生产类行业，工作性质决定了劳动危险性较高，企业应格外重视施工安全方面的问题，防患于未然。

具体来说，该地区国家劳动法律制度有以下特征：

（1）劳动者年龄规定不一。中亚五国对于订立劳动合同的主体年龄限制有所不同：哈萨克斯坦、乌兹别克斯坦以及土库曼斯坦要求年满16周岁的劳动者方可签订劳动合同；塔吉克斯坦规定年满14周岁的学生或15周岁的非学生劳动者可独立签订劳动合同；吉尔吉斯斯坦要求年满16周岁的劳动者可独立订立劳动合同，年满14周岁的劳动者需经监护人同意方可订立劳动合同，15周岁的劳动者需经企业工会同意或国家劳动领域授权的机关同意方可订立劳动合同。

（2）试用期。除一般情况下3个月的试用期外，哈萨克斯坦规定竞聘上岗等3种情形下不得规定试用期；乌兹别克斯坦规定孕产妇等4种情形下不得有试用期；塔吉克斯坦规定未满18岁的劳动者等10种情形下不得规定试用期；土库曼斯坦以及吉尔吉斯斯坦还规定了企业领导的试用期或实习期可长达6个月。

（3）加班制度。中亚五国对于加班的限制性规定较多，以土库曼斯坦为例，除法律中规定的特殊情形需要加班外，土库曼斯坦规定不得连续两天加班超过4小时，且未满18岁的劳动者、孕妇等法律规定的其他人员不得加班。其他四国也均有类似规定，尤其塔吉克斯坦还规定劳动者若工作岗位位于条件较差或有害的环境下，则不得加班超过两小时，若工作岗位环境恶劣或特殊有害则禁止加班。

（4）倾斜保护女性劳动者。女性劳动者的倾斜保护体现在多处，例如在中亚五国的劳动法律制度中，均规定女性劳动者在孕产期间企业不得借故解除劳动合同。若女性劳动者处于育儿期，则要求企业在女性劳动者幼儿三周岁以前均不得解除劳动合同。又如塔吉克斯坦规定禁止安排哺乳期女性劳动者轮值夜班等。

(5) 假期制度。中亚五国除周末假日、孕产假与其他无薪休假外，对带薪年休假日以及固定假日等均有所规定。需要注意的是，五国对于教育进修、个人创作假等均进行了鼓励性的规定，允许劳动者在享受上述假期的同时照常计算薪资，同时对进修人员撰写毕业论文等情况也设置了专门的假期。可见中亚五国较为重视劳动者的素质培养，同时要求用人企业对劳动者的进修给予鼓励与支持。

三、该地区劳动法律制度特征总结

中亚地区国家的劳动法律制度正随着该地区受全球经济危机的影响而相应发生着变革。以哈萨克斯坦于2016年出台的《哈萨克斯坦共和国劳动法典》为例，相较于生效了八年有余的旧法，新法典几乎是一次新的法典再造：不仅在法条数量上由原来的341条缩减至了204条，更是在内容和体例上有了全新的变化。总体而言，此次的新劳动法典在特殊群体保护、竞业限制协议、无固定期限劳动合同、劳动合同解除以及试用期等多项制度上借鉴了国际其他先进立法经验，在诸多条款上更是能发现哈萨克斯坦劳动法典立法者对于用人企业与劳动者利益平衡做出的新尝试。但其与我国劳动法律制度区别较大，这主要体现在对劳动者的保护程度上。我国劳动立法一贯秉持倾斜保护劳动者的理念，致力于改善劳动者的弱势地位；而《哈萨克斯坦共和国劳动法典》则在某些制度上对劳动者的保护程度有趋弱的态势。例如在特殊群体的保护上，旧法典严格禁止企业安排特殊群体（未成年人、孕妇、残疾人）出差，新法典则有条件地允许该类群体出差等。有学者就此为例呼吁，我国劳动法律制度必须“纠正劳动立法领域中一些对劳动者利益不合理的制度倾斜”。[①]这种变革当然不仅仅局限在哈萨克斯坦，例如乌兹别克斯坦在2018年后，更注重于外国公民登记问题的解决，其《劳动法》更是废除了关于拒绝雇用无临时或长期居留登记公民的规定。

哈萨克斯坦的新旧劳动法典之变革，乌兹别克斯坦对外国公民雇用以及长期居留许可的放宽，体现了中亚地区的劳动法律制度正逐步从种种的陈旧观念中跳脱出来，倾向与世界劳动立法水平相接轨，这对各个国家对该地区的劳务输出来说均是较为利好的消息。尤其作为中亚地区国家较大的外来务工人员来源国，该地区劳动法律制度的变革与中国更是有着紧密的联系，其变革对我国对外劳务发展情势有着重大的影响。

第二节 阿拉伯地区国家的劳动法律制度分析

一、该地区国家基本特点

阿拉伯国家概指以阿拉伯民族为主体所组成的国家，以阿拉伯语作为主要语言，并且由于历史及地理原因享有共同文化及风俗习惯，以伊斯兰教作为主要宗教。部分国家主要民族并非阿拉伯民族，但由于长期与阿拉伯世界紧密的政治、经济、文化等方面的联系，且加入了阿拉伯国家联盟，因此也被称为阿拉伯国家。“一带一路”连接的阿拉伯国家包括伊拉克、沙特阿拉伯、也门、叙利亚、约旦、阿拉伯联合酋长国、黎巴嫩、巴勒斯坦、阿曼、科威特、卡塔尔、摩洛哥以及巴林，这13个阿拉伯国家均地处西亚。西亚地区总面积约713万平方公里，约占亚洲总面积的16%，自阿富汗至土耳其，是联系亚、欧、非三大洲和沟通大西洋、印度洋的枢纽。黑海出入地

① 邹阳阳:《论经济变局下的哈萨克斯坦新劳动法典》,《湖北经济学院学报》2017年第6期。

中海的门户是土耳其海峡，霍尔木兹海峡是波斯湾的唯一出口，航运十分繁忙。苏伊士运河和红海是亚非两洲的分界线，沟通了印度洋和地中海，因此，西亚地区是东西方文化交流的要道，霍尔木兹海峡、曼德海峡是沟通大西洋和印度洋的交通纽带，战略地位十分显要。大部分地区气候干旱，水资源缺乏，地形以高原为主。西亚包括伊朗高原、阿拉伯半岛、美索不达米亚平原、小亚细亚半岛。

在经济上，西亚拥有丰富的石油资源。西亚号称“世界石油宝库”，是世界上石油储量最为丰富、石油产量和输出量最多的地区，石油矿藏主要分布在波斯湾及其沿岸地区。西亚地区产出的石油资源有极大部分用于出口，主要出口国有美国、日本和西欧国家等。大部分西亚国家的工业化水平比较低，科技发展水平一般，机械设备的加工制造、纺织、日常用品制造等产业不发达。目前，西亚地区内的国家还没有形成良好的水电输送网络，导致水电匮乏的国家经常面临缺水、缺电等问题。交通运输方式存在布局不平衡、建设不完善问题，通信设施覆盖率低、港口运转能力有限、航空线辐射世界不足等也是西亚国家基础设施存在的问题，严重制约了国内经济的发展。

阿拉伯国家政治体制各异。现有 7 个君主制国家，其中阿曼、沙特阿拉伯实行君主制，约旦、科威特、巴林、卡塔尔、摩洛哥实行君主立宪制。其余阿拉伯国家实行共和制，均为总统制。其中多数国家建立了领导社会政治生活的政党和国家政治体制，如叙利亚、也门等；黎巴嫩实行分权制总统制；伊拉克、阿拉伯联合酋长国实行联邦制。此类政治制度的选择大多与历史原因相关。阿拉伯国家自从 20 世纪 90 年代开始尝试采取措施扩大公民的政治参与程度，这也体现了阿拉伯国家民众在全球化时代背景中的政治诉求。目前，阿拉伯国家局势动荡，社会矛盾错综复杂，多国形势恶化，比如伊拉克的“伊凡特”组织宣布建立“伊斯兰国”，严重威胁国家统一；巴勒斯坦与以色列冲突的持续导致恐怖袭击事件时有发生。此外，俄罗斯和乌克兰与中西亚地区的地缘政治风险加剧，周边国家的政权更迭也对中西亚的地缘政治稳定形成冲击。

二、该地区国家劳动法律制度概览

（一）劳动法律制度与国内产业分布情况相匹配

如科威特劳动法规定了国营和私营领域不同的劳动条件，同时规定将石油领域作为一个独立部门对待。在阿拉伯国家石油经济发展的早期阶段，外籍劳工一度是备受欢迎的，因为本国籍劳工往往在熟练程度与技术掌握程度上难以完成相关工作，然而近年来对外籍劳工的准入条件在不断提高，待遇却并未相应上升，甚至有所下降，这就是石油经济的积极效应为阿拉伯国家劳工结构转型提供了支持，可见，阿拉伯国家的劳动法律制度虽有宗教色彩，却未脱离现实，具有世俗性。

（二）对本地劳动力倾斜保护倾向明显

换言之，阿拉伯国家大多对外籍劳工要求较为苛刻。以科威特本国劳动法为例，在其 2010 年颁布的第六号法令《私营部门劳动法》中，科威特人为地将劳动力市场分成两个档次，确保了科威特籍雇员的高收入，而外国工人，尤其是没有技能的工人，只能获得相当低的工资。在国有部门，目前执行的最低工资标准是：科威特籍单身雇员每月 226 第纳尔（合 741 美元），已婚者每月 301 第纳尔（合 987 美元）；而非科威特籍人的工资只有 90 第纳尔（合 295 美元）。科威特社会事务和劳动部 2010 年 4 月颁布规定，设置私营部门外籍雇员最低工资为 60 第纳尔（208 美元）。又如沙特阿拉伯总劳动人口中本国籍劳工数量仅占三分之一，因此极具该国特色的制度应运而生，要求特定行业或职位必须有一定比例的本国籍劳工比例，现行本地化政策比例是：工程承包、维修、清洁、操作等行业10％；国家投资项目5％；私营投资项目10％。违反“沙特化”政策将受到劳工部禁止雇用外国劳工的处罚，不符合“沙特化”规定的公司将不能获得政府合同。[①]约旦劳动法中亦规定申请在约旦工作的外国人必须有专门的工作经验且约旦本国籍雇员又缺乏此经验，或本国籍雇员数量不能满足该工作的需要。上述法律出台的深层原因在于阿拉伯国家内部普遍存在的人力资源结构不合理，非本国籍劳工引起了大量资金外流问题。阿拉伯国家的外籍劳工主要来自印度、埃及、孟加拉、菲律宾、巴基斯坦和斯里兰卡等地，包括叙利亚等战乱地区的难民等，在全国劳工中占比较大，且高技能人才流失问题较为严重，很多人更愿意转往海湾国家谋职。因此阿拉伯国家劳动法多注重优化人力资源结构，以达到提高本国就业率，减少资金外流的目的。

总而言之，阿拉伯国家的劳动法具有传统与现实并行，世俗与宗教共存的特点。

三、该地区国家劳动法律制度特征

阿拉伯地区国家劳动法律制度有两大特征：深受传统宗教与现代价值观的多重影响，并注重保护本地区劳动者权利。

阿拉伯国家劳动法律受宗教、习惯和现代价值观多方面的影响。以妇女保护为例，前文提及该地区劳动法律深受宗教制度影响，根据阿拉伯传统宗教和民众对男女价值的观念，女性地位远远低于男性地位，所以该地

① 郑翠平：《中国企业在沙特的经济经营环境研究》，上海外国语大学硕士学位论文2013年。

区劳动法应当也体现出男女不平等的特征，然而阿拉伯国家的劳动法仍然致力于保护妇女权利，在劳动法的价值取向上仍然含有现代大多数国家妇女平等的主流价值观念，旨在保护妇女的基本权利，避免其在劳动关系中遭受到过多的侵害，主张妇女平等。

除此之外，阿拉伯国家注重保护本国劳动者权利。阿拉伯国家产业中石油是重中之重，而石油又是世界上最重要的基础资源，所以在很大程度上，阿拉伯地区的石油产业融合了世界各国的技术和人员，而本国的劳动者又是社会稳定的要素之一，所以在劳动法上，阿拉伯国家为了防止因为外国人员就业导致本国劳动者的就业率下降，更倾向于保护本国劳动者。因此，劳动贸易壁垒在阿拉伯国家的劳动制度中比比皆是：沙特劳动法规定，沙特的外资企业中，沙特籍员工不得少于员工总人数的75%，收入不得少于工资总量的50%。沙特法律还要求企业内的人事管理人员、招聘官、接待员、收银员、保安等岗位需聘用沙特籍人。此外，劳动部有权在沙特籍工人短缺的情况下下调该比例。外籍人员在沙特工作需要持工作许可并需担保，在更换雇主时需要解聘信。在实际执行过程中，沙特政府通常要求外国企业雇用沙特籍员工的比例为25%、30%甚至更高。低于该比例则不给外籍人员签发工作签证。这种所谓的“沙特化”进程加快了总人口占全国三分之一的外国工人的逃离。①此种劳动政策不仅对劳务输出国造成了贸易壁垒，对本国的国内经济也难言是百利而无一害的——该国房地产市场明显下降的租金以及空荡荡的购物中心也印证了这一点。②

① 沙特成为中国洁具出口重要市场之一，载搜狐网 https://www.sohu.com/a/152465370_269604，2017年6月27日。

② 沙特阿拉伯的房地产价格正在下跌，载世通海外网 http://www.shitonghk.com/news/kuaixun/2018-02-01/4022.html，2018年2月1日。

第三节 中东欧国家的劳动法律制度分析

一、该地区国家基本特点

“一带一路”所覆盖的中东欧国家共有16个，分别是波兰、捷克、斯洛伐克、匈牙利、斯洛文尼亚、克罗地亚、罗马尼亚、保加利亚、塞尔维亚、黑山、马其顿共和国、波斯尼亚—黑塞哥维那、阿尔巴尼亚、爱沙尼亚、立陶宛以及拉脱维亚。苏东剧变之后，“回归欧洲”成为中东欧国家的共同选择，追求政治上向民主体制、军事上加入北约获取安全保障、经济上向市场经济、法律上同欧盟标准接轨、社会上全面融入西方的转型。中东欧国家在政治、经济、制度等方面与欧盟有着紧密的联系。中东欧地区位置优越，是连接欧盟、独联体和巴尔干市场的交通枢纽，总面积达到了133.6万平方公里，相当于我国面积的七分之一，除俄罗斯外欧洲面积的22%；其中面积最大的国家为波兰，达到了31万平方公里，相当于我国苏浙皖三省之和；其次是罗马尼亚，国土面积达到了23.75万平方公里；面积最小的是黑山，仅1.38万平方公里。中东欧国家大部分人口稀少，所有中东欧国家的总人口也仅有1.3亿人，仅为我国人口的十分之一。波兰是其中国土面积最大也是人口最多的国家，人口数量有三千多万；黑山则是国土面积最小，人口也最少的国家，人口数量仅六十多万。中东欧国家不仅在面积与人口规模上存在着差异，不同国家之间的环境、文化等方面亦相差巨大，因此不能单纯将中东欧国家视为一个同质化的整体。中东欧国家又是由三个区域国家组成的，分别是中欧、东南欧和波罗的海国家。大部分国家如波兰、捷克等属于欧盟成员国，但少部分国家如黑山等尚未加入欧盟；即使已经成为欧盟成员国的国家之间也存在是否加入了欧元区的区别。

在经济发展方面，自从摒弃中央计划经济模式以来，中东欧国家就转而采用了市场经济体制，目前此种体制仍在不断完善之中，与发达国家相比尚有一定距离。自21世纪中东欧国家陆续加入欧盟，该地区赶超步伐明显加快。近年中东欧国家经济快速发展，根据欧盟委员会公布的数据显示，2017年，罗马尼亚的国内生产总值增速约为6.4%，是所有成员国中增长最快的，波兰、捷克和匈牙利等国家的国内生产总值增速也超过了西欧主要国家。①据报道称，这些国家近年建造了许多的高速公路、现代化建筑，并且引入了大量外国投资。这类新兴气象带来的积极作用就体现在国内消费需求以及民众对国家的信心迅速上升，失业率降低。此类失业率的下降甚至导致了一些问题出现，例如劳工短缺致使公司招聘冷清，需要从国外引入外籍劳工等。这些国家的经济发展与欧盟凝聚资金大量流入密切相关，其基础设施建设和发展项目严重依赖欧盟。例如波兰几乎半数的国家公共投资都来源于欧盟，罗马尼亚超过60%的公共投资来源于欧盟。②这在为国家带来高速发展的同时也意味着欧盟的对华政策必定影响到这些国家。相较这些已经加入欧盟的国家，黑山等国则经济水平较为落后，行业结构、能源结构对外国依靠性较强，经济总量相对较小。

中东欧国家采取议会民主制，实行立法、行政和司法三权分立的制度。此种政治制度形成的根源在于中东欧国家多数具有悠久的民主政治制度传统：波兰等国早在19世纪就已经诞生了社会民主党等多个党派。此外，加入欧盟极大地影响了中东欧国家的政治民主化转型：这首先体现在欧盟通过对其中东欧成员国政党制度中政党理念、政党精英观念以及民众政治等方面的潜在影响，其原有的制度思想和习惯成为中东欧国家政治体制转

①② 王明进：《美欧贫富差距的对比分析》，《人民论坛》2019年第3期。

型的依据。因此中东欧国家政治转型有着其既有的目标，也通过这种方式减小了政治转型过程中可能遭遇的阻碍。其次，对于未加入欧盟的中东欧国家来说，支持或反对入盟本身就是其国家领导人政治纲领的重要部分，欧盟成员国的政治制度为其提供了一定的框架以及政策选项。

二、该地区国家劳动法律制度概览

研究中东欧国家的劳动法律制度必须要同时考虑到该地区国家“入盟”的大背景。受欧盟影响，中东欧地区的劳动法律法规对于雇员的福利和社会保障方面较为重视，如塞尔维亚劳动法规定，雇员和企业对于养老保险、伤残保险、医疗保险以及失业保险各自承担一半，对于事故保险以及劳动基金则由企业全部承担。波兰更规定事故保险、劳动基金以及职工福利保障基金均由企业缴纳。具体而言：

(1) 普遍对提前解除劳动合同作了限制性的规定。波兰劳动法严格规定了无需提前通知即可解除劳动合同的情形。如果雇员严重违背其基本职责、在受雇期间违反法律、失去工作所需相关资质或由于疾病而无法胜任工作，雇主均可在不提前通知的情况下提出解除劳动合同，但根据法律规定，雇主应说明具体理由。同样，法律也就雇员在无需提前通知情况下提出解除劳动合同的情形作出了具体而严格的规定。

(2) 法定退休年龄不断提升。近年来，由于养老金赤字不断恶化，加上国际金融危机的爆发，以提高退休年龄为主的养老制度改革受到各国空前关注。这主要是由于中东欧国家存在着较为严重的人口老龄化问题，65 岁以上老年人占总人口的三分之一。以波兰为例，据波兰国家统计局公布的数据，至 2017 年第一季度，波兰的人口总数约 3 842 万。波兰每 1 000 人新出生人口为 10.9 人，每 1 000 人的人口自然增长率为－2.8。波兰每 100 个劳动力需要供养 60.1 个不具备生产劳动能力的人口，已经进入老龄化国家阶段。因此，多数中东欧国家正逐步提高退休年龄，如波兰规定男性退休年龄提高到了 65 周岁，女性退休年龄提高到了 60 周岁，同时还要求男性雇员工龄必须达到 25 年，女性雇员工龄必须达到 20 年才可以提出退休申请。

（3）注重解决失业问题。在中东欧国家，如何解决失业问题是各国各党派施政纲领的重要组成部分，也是国家政府经济政策的重点。中东欧国家失业率长期居高不下，甚至影响到了人民生活水平和社会实际购买力水平，在微观层面，长期如此将进一步导致雇员专业技能的下滑甚至丧失，即使间隔一段时间后重新回到工作岗位，仍需要额外支付培训费用和花费培训时间；在宏观层面，高失业率将影响民众对国家的信心，影响生产率提高，造成福利水平的下降。因此，在出台多种政策促进就业的同时减轻失业者的生存压力，中东欧部分国家规定，企业在解雇雇员时必须支付一定数额的赔偿金。如立陶宛劳动法规定，企业在单方面解除劳动合同时，应向雇员支付中断劳动关系赔偿金，按照雇员的工作年限一次性支付 1—36 个月的平均月工资不等。又如斯洛文尼亚规定，企业单方面解除劳动合同的，需向失业者支付至少 6 个月的最低工资或一次性支付一笔补偿金，连续工龄满 9 个月或以上的失业者有权获得相当于原工资 70％的失业赔偿。

总体来说，已加入欧盟的中东欧国家均在努力向盟内其他成员国靠拢，这种努力也当然体现在劳动法律制度的变迁中；没有加入欧盟的中东欧国家则普遍以入盟为目标，进行劳动法律制度的更替。因此，中东欧国家普遍重视雇员福利，致力于解决国民失业问题。

三、该地区劳动法律制度特征

中东欧国家的劳动法深受欧盟及苏联的影响。中东欧地区因为地理位置的原因和政治的因素，在历史上与苏联关系密切，不少国家的前身甚至就是苏联国家的一员，所以在劳动法律制度上不免存在诸多前苏联劳动法律的影子，但因苏联解体和欧盟崛起，中东欧地区追求着回归欧洲的目标，并且已有诸多国家加入了欧盟的怀抱，所以在劳动法律制度规定上又会加上诸多欧盟国家的规定。例如中东欧地区的劳动法律法规对于雇员的福利和社会保障方面尤其重视，大部分规定由企业和雇工分摊社会保障，波兰则更是有过之而无不及，规定事故保险、劳动基金以及职工福利保障基金均由企业缴纳。但在保障社会福利的同时，近年来中东欧国家也越来越关注对福利制度的改革和优化，不再一味将经济资源高比例地转移到退休人群。为此，中东欧国家需要活跃投资市场，减轻国家财政负担，从养老、医疗、失业补助等多方面进行改革，力争为不断增多的、陷入困境的人们提供更好的社会保护，同时又减少总的社会支出。①

中东欧地区劳动法律制度的变革还呈现出退休年龄增高的态势。在社会福利和人口的影响下，和许多欧洲国家一样，中东欧国家为了应对国家福利方面财政赤字的逐年攀升，试图以退休年龄的延长缓解社会福利的高赤字压力，因为缴纳者享受福利的年限随着退休年龄的提升而会降低，所以中东欧地区国家劳动法规定的退休年龄逐年提升。其次的原因就在于中东欧国家与诸多欧洲国家都存在严峻的人口负增长问题，特别是波兰等都已达到人口负增长的境地，所以退休年龄也不得不逐步延后。根据捷克的相关制度，劳动者退休年龄将在相当长时期内每年延长 2 个月，并逐步取消男女差别。比如，1950 年出生的男性公民延长至 62.5 岁退休；1980

① 郭翠萍：《波、匈、捷福利制度转型比较评析》，《欧亚经济》2016 年第 6 期。

年出生者不分男女，一律延至 67.5 岁；依次推算下来，甚至可能出现 70 岁仍无法退休的情况。

除此之外，中东欧国家劳动法还深受高失业率的影响。上段提到劳动法规定退休年龄提升，由此造成的其中一个后果就是工作岗位的减少，在经济非高速发展的情况下，工作岗位多已饱和，而退休年龄的延长则会导致后起之军没有岗位满足就业需求，而失业率升高则是社会稳定的一个巨大隐患，所以在该地区的劳动法规定上，都会存在鼓励就业，降低失业率的条款，从解除条款来看，轻易与雇工解除劳动合同的均会存在一笔不小数额的赔偿，由此来降低失业的可能性。

第四节 中南半岛国家的劳动法律制度分析

一、该地区国家基本特点

中南半岛是“一带一路”的重要区域，是亚洲南部三大半岛之一，包括越南、老挝、柬埔寨、缅甸、泰国及马来西亚西部，是世界上国家最多的半岛，占东南亚面积的 46%，在经济上多以矿藏和农林业为主。

中南半岛国家中，采取君主立宪制的国家为柬埔寨和泰国。柬埔寨国王是国家元首，国会是最高权力和立法机构，参议院有权审议国会通过的法案。政府首相由赢得国会议席简单多数的政党候选人担任。泰国国王是国家元首和军队的最高统帅，是国家主权和统一的象征。越南社会主义共和国实行社会主义制度。1986 年革新开放后，越南逐渐发展社会足以定向的市场经济体系。[①]老挝也实行社会主义制度。2001 年老挝人民革命党

---

① 韦慧妮:《一带一路倡议在越南的机遇与挑战研究》,《现代经济信息》2018 年第 18 期。

“七大”确定将继续坚持社会主义制度和推进市场经济改革。[①]缅甸则与其他四国不同。根据2008年宪法,缅甸是一个总统制的联邦制国家,实行多党制。总统既是国家元首,也是政府首脑。缅甸联邦议会实行两院制,由人民院和民族院组成。议会选举制度是当前缅甸政治的基本特征。外交上奉行“不结盟、积极、独立”的外交政策,是“和平共处五项原则”的共同倡导者之一。缅甸经济以农业为主,农业人口超过60%。缅甸工业基础薄弱,水、电、公路、铁路、港口等基础设施不足,制约了经济的进一步发展,但矿产资源、森林资源、水力资源和海洋资源丰富,为其未来经济发展提供了良好基础。

二、该地区国家劳动法律制度概览

虽然该五国的政治制度各有差异,但因为经济发展程度的关系,在劳动制度上的规定却大同小异。以下是劳动制度的核心内容比较:

(1) 在工作年龄限制方面,中南半岛五国都有童工制度,童工指未满18岁、15岁以上的劳动者。并且童工相对于18岁以上的劳动者,具有更多的保护措施,对于时间、工作地点都有特殊的规定。柬埔寨规定儿童至少在夜间休息11个小时。缅甸对于童工的规定相比其他国家没有那么多限制,根据其1951年的劳工法规定,童工的最低工作年龄为13周岁,15周岁可以胜任全天工作即可担任成人工作,而根据2016年商店与企业法(Shops and Establishments Act, 2016)规定,14岁至16岁间人员,需由医生开具可工作之证明,且每天工作时间不得超过4小时。16岁至18岁间人员需依照医生的建议在安全场所工作,且经适当培训。18岁以下人员均

① 许梅:《柬埔寨、老挝政治经济发展现状》,《东南亚研究》2002年第1期。

不可在具危险性场所或从事危险性工作。

(2) 在工作时间方面，五国对工作时间的规定也大致相同，即工作时间标准为每日不超过 8 小时，每周不超过 48 小时，缅甸的工作时间则少了 4 个小时，为 44 个小时，因生产需要加班的为 48 个小时。各国的重体力工人和危险行业的劳动时间也比一般的劳动者工作时间要少。而在加班上各国的规定就有很大的差别了，泰国的规定最为严格，一般情况下严禁加班，只有不加班就会造成损失、或突发紧急工作、或由法律规定的其他工作，才可以安排适当的加班；柬埔寨规定加班不得超过 1 个小时；老挝、越南等国劳动法亦有相关规定。

(3) 在工资规定方面，各国都有对最低工资的规定，具体规定在各国境内也有不同，规定的行业也不同，柬埔寨比较特别，可以以大米支付工资。加班工资也有特殊的规定，一般而言，除缅甸外，其他各国对平日加班的工资都要求至少 1.5 倍工资，对于其他情况的加班工资规定各有不同。泰国假日加班为 3 倍工资；柬埔寨平日加班也为 1.5 倍，而夜间和节假日加班为 2 倍工资。越南、老挝等国家的规定亦大致类似，仅在加班工资倍数上有些许不同。

(4) 在休息时间方面，五国都规定一周不少于一天的休息时间，其中泰国对每日的休息时间有特殊规定：每天不得少于 1 个小时的休息时间。老挝则规定每两小时至少休息 5—10 分钟。越南仅概括性规定应当有休息时间。缅甸要求工厂不得连续工作，要求每工作 5 个小时以上应有不少于半个小时的休息时间。在休假及节假日规定方面，缅甸私人企业工作的员工每年可以享受 6 天临时请假，30 天病假，10 天带薪假期，21 天公共假期。老挝的劳动者工作满 1 年及以上的，可以申请休 15 天年假；从事重体力劳动或有害身体健康工作者可以申请休 18 天年假，休假期间获得正常工资。

年假时间不能将每周休息日、法定休息日计算在内。柬埔寨全部工人均有权享受带薪假，按每连续工作 1 个月休假 1 天半计算，在此基础上劳工资历每增加 3 年，带薪假增加 1 天。发生直接影响工人直系亲属的事件，雇主应准予该工人特别假(最多不超过 7 天)。越南除了国定假日外，一年以上的劳动者也有休假，一般条件下年假为十二个劳动日；雇工年龄为 18 岁以下或在苛刻生活条件下从事繁重、有毒害和危险之劳动，年假为十四个劳动日；雇工从事特别繁重、有毒害和危险的劳动，雇工在苛刻生活条件下从事繁重、有毒害和危险之劳动，年假为十六个劳动日；且每五年可以多一天休假。泰国一年内的公共假日不得少于 13 天，包括劳工部规定的五一劳动节，若雇工已连续工作满一年以上，则雇工有权享受另外的不少于 6 个工作日的“年假”。

(5) 在试用期方面，缅甸和泰国劳工法内未有试用期的具体规定，柬埔寨在试用期方面的规定有个主观的标准，即得长于雇主判断工人专业价值所需的时间和工人认识具体工作条件的时间。但同时也有强制性规定，招聘固定工的试用期不得超过 3 个月，对特殊工种为 2 个月，非特殊工种为 1 个月。老挝和越南的规定相同，都是通过工种来确定试用期时长，以体力劳动为主的工作，试用期不得超过 30 天，要求有专业技术的工作，试用期不得超过 60 天，同时也允许雇主延长不多于 30 天的试用期。

(6) 在社会保险方面，五国也对社会保险有强制性规定，根据缅甸议会通过的《社会保险法(2012 年)》，自 2014 年 4 月 1 日起，聘用 2 名员工以上的缅甸制造、娱乐、交通、港口、开采、金融等企业以及外国公司，须按照员工工资比例向社保理事会缴纳社会保险。社会保险的缴存比例和受益金额将根据企业所处行业不同而有所区别，在发生工伤事故时，社保有助于雇主降低赔偿风险。对于未被纳入社会保险及福利计划的劳动者，如劳动者因公受伤或患有职业病，雇主有责任向劳动者支付补偿金。老挝任何劳动单位必须参加强制性社会保险。柬埔寨政府发布了《2016—2025年社会保障国家政策战略》，旨在进一步发展柬埔寨全国性的社会保障系统，以造福全体百姓，尤其是贫困及弱势群体。该战略将为国家社会的长远发展保驾护航，并列明了两大机构的职责：一是应对紧急事件、发展人力资源、提供技能培训和保护弱势群体；二是注重工人保障金和医疗、工伤、失业风险。越南规定工作时间超过3个月和无期限合同，须办理强制性社会保险。[①]劳工因工受伤残，雇主须支付医疗费，如未投保，亦按社会保险条件支付赔偿。根据越南社会保险局595/QD-BHXH号通知，自2017年6月1日起执行最新的社会保险缴纳标准，其中社会保险项目，用工单位和雇员缴纳标准分别相当于雇员月基本工资的17.5%和8%；医疗保险项目分别是3%和1.5%；失业保险项目分别是1%和1%。因此，雇员月保险费是月基本工资的32%。泰国社会保险要求所有雇主必须依法在雇员每月工资中代扣社保基金，雇主也必须为雇员缴纳同样金额的社保基金。雇主和雇员必须于次月的15日前将社保基金汇给社会保险办公室。在社保基金注册的雇员非因公受伤、患病、残疾或死亡可以申请补偿，还可以享受儿童福利、养老金和失业金。

总之，虽然五国的工作时间都较长，但都很注重劳动者的休息时间，特别是规定了连续工作时间和间隔的休息时间。因为经济发展的需要都可以招收童工，但同时也对童工有诸多的限制。

---

① 朱津辉：《柬埔寨“四角战略”研究》，厦门大学硕士学位论文2018年。

三、该地区劳动法律制度特征总结

中南半岛国家劳动法主要受经济发展影响，受政治影响较少。中南半岛地区因为经济正处于发展的基础阶段，所以需要大量的劳动力，故此中南半岛国家还存在童工制度。虽然儿童可以参与工作，但是儿童毕竟是弱势群体，所以在中南半岛国家对童工的聘用上有很多限制，并且童工在工作内容和工作时间上也有很多规定。

中南半岛国家劳动法在劳动者雇用上对外国人有限制。中南半岛人口密集，经济发展落后，劳动作为社会稳定的一环重要因素，首要的就是保证国内的劳动者雇用情况，所以该地区国家的劳动法对外国人的雇用存在诸多限制，例如老挝，在劳动雇用中首要就是应当雇用老挝公民并且做好劳动合同订立工作，如果需要与外国人建立劳动关系，则需要由政府进行审批，方可以雇用外国人。

中南半岛国家劳动法对社会保险有强制性规定，经济发展落后导致的中南半岛地区的贫富差距很大，很多底层劳动者的收入很低，更不能保证当发生事故时能够独立地保证生活。所以在该地区的劳动法都强制要求办理社会保险，如果没有投保，当发生事故时，雇主甚至需要根据社会保险条件对劳动者支付赔偿。

中南半岛国家注重对劳动者休息权利的保护，虽然该地区急需要发展，但是劳动者休息的权利仍然得到劳动法的保护，不仅每周有至少一天的休息时间，在每天的工作小时当中，也要求雇主给予劳动者足够的休息时间，对于儿童、妇女、重体力及危险的行业，每天的休息时间更是比其他劳动者多，除了休息时间以外，劳动法还规定了带薪休假、公共假期等其他休息时间。

中南半岛国家没有固定的试用期规定。上文所述，缅甸和泰国劳工法都没有试用期的具体规定，老挝和越南虽然规定了试用期，但与中国劳动法相比，他们的试用期不是根据签约时长来确定的，而是根据不同的工种来确定不同的试用期时间。

第五节 独联体国家的劳动法律制度分析

一、该地区国家基本特点

独立国家联合体，是由苏联大多数共和国组成的进行多边合作的独立国家联合体，简称独联体。乌克兰虽于2018年4月12日宣布退出独联体，但因其劳动法也具有苏联劳动法的影子，本书依旧将乌克兰设置在本章内。1991年12月8日，俄罗斯总统叶利钦、乌克兰总统克拉夫丘克和白俄罗斯最高苏维埃主席舒什克维奇在白俄罗斯的别洛韦日会晤，签署了一项关于建立独立国家联合体的协定，宣布建立独立国家联合体(独联体)，其协调机构设在白俄罗斯首都明斯克；苏联的加盟共和国和其他赞同独联体宗旨的国家均可参加独联体。由此可见，独联体是苏联解体后各独立主权国家的协调组织，以主权平等为基础。它的宗旨是为各成员国进一步发展和加强友好、睦邻、信任、谅解和互利合作服务；为各成员国在国际安全、裁军、军备监督和军队建设方面协调政策。故本节将主要比较俄罗斯、白俄罗斯和乌克兰三国的劳动法概况。

二、该地区国家劳动法律制度概览

(1) 总体而言，独联体国家在劳动立法上正朝着“体面劳动”的方向努力发展。俄罗斯劳动法脱胎于苏联的劳动立法，从法律观念上，现行劳动立法倾向保护劳动者利益。《俄罗斯联邦劳动法典》是世界上最新的一部劳动法典，是俄罗斯社会转型时期和市场经济建设过程中利益平衡的产物。①近年来，劳动法典多次被俄罗斯政府修改，当局十分重视劳动市场的合法规范管理。乌克兰新修订的《劳动法》与1971年通过的《劳动法》相比，为了适应目前的经济条件，新法要求在劳动法律关系中应当保障劳动者权益，并且尊重其名誉及尊严，虽然最后该新法并未通过，但老法也深受苏联劳动立法影响，也很重视对于劳动者的保护。白俄罗斯也在不断出台政策，保护劳动者权益。三国都要求，必须保障雇员的工作条件，提供必需的职业保护，及时并且足额支付雇员的劳动报酬。并且所有国家都要求雇主必须拒绝与没有达到就业年龄的人成立劳动关系。白俄罗斯最低要求是16岁，俄罗斯则更低为14岁，但其就业必须征得父母的同意，或者14岁的人学习的中学或职业学校的同意，并且从事的是对其身体健康没有损害的、不能破坏学习过程的轻体力工作。②

（2）从工资标准上来看，独联体国家也都设有最低工资标准。但其平均工资普遍低于世界许多国家。从独联体工会人员的一篇报告上看，乌克兰食品的花费占工资比54%—58%，超过了一半的比例，白俄罗斯也在43%—49%，俄罗斯的标准相比就好了很多，占比31%。③俄罗斯在扣除工资上也设置有许多限制，只有在法律规定的条件下才可以扣除工资。2018年1月24日，俄罗斯联邦杜马通过了对《俄罗斯联邦劳动法典》的修正案，新规依据《俄罗斯联邦外汇调节与外汇监督法》规定了雇主可以向境外工作的员工以外币的形式支付工资。根据原劳动法第131条，工资必须以俄罗斯联邦货币支付，若俄罗斯籍员工在境外工作，雇主也只能通过在俄罗

---

① 尹丽蓉：《俄罗斯劳动权利法律保护制度研究》，新疆大学硕士学位论文2012年。

② 耿玉娟：《独联体国家劳动合同法律要素比较分析》，《河南师范大学学报（哲学社会科学版）》2014年第1期。

③ 食物占工资的比例被称为恩格尔系数，数值达59%以上为贫困，50%—59%为温饱，40%—50%为小康，30%—40%为富裕，低于30%为最富裕。

斯银行开立的账户以卢布的形式支付工资。新规生效后，在俄罗斯境内工作的，工资仍旧以俄罗斯联邦货币卢布支付；若工资包含非现金形式的，不能超过月工资总额的20%。但不能以优惠券、债务、借条、酒精用品等其他违禁物品和限制流通的物品作为工资支付；对于俄罗斯外交部和领事馆的工作人员以及俄罗斯企业派驻海外的工作人员的工资可经俄罗斯境内银行以外币形式转账支付。若因通过外币方式支付导致了劳动者权益受损，雇主还将面临罚款。

白俄罗斯共和国于2010年12月31日通过了“白俄罗斯共和国发展企业与刺激商业活动”的第4号总统指令以及于2011年5月10日通过了“改善国家薪酬监管的一些办法”的181号总统指令，实体经济的薪酬监管机制实现了根本变革。①这种机制避免了因为强制执行“统一工资等级表”而导致的对劳动市场的过度监管。乌克兰同时规定了工资授予资格应当与其掌握的技能一致。同时乌克兰也在劳动法中鼓励劳动者参加学习和培训，提升自己的劳动技能。

乌克兰劳动法中特别有一章节是妇女劳动，该章节中明确禁止了妇女参加艰苦、有害或危险的工作，同时也不得参与除了服务以外的地下工作和工程。同时，禁止妇女在夜间工作和超时工作，有三岁以内孩子的妇女和孕妇也不得在周末工作和出差，并且强调，妇女不得被拒绝就业。在妇女保护方面是非常细致，俄罗斯劳动法虽然没有乌克兰这样专门设置一个章节描述妇女劳动的禁止，但也在条文中对有3—14岁孩子的妇女安排出差和加班进行了限制。

因为独联体国家普遍面临的是人口老龄化的问题，所以在劳动法上，

---

① 白俄罗斯共和国驻华大使馆，http://china.mfa.gov.by/zh/investment1/economics/corporate/。

同样体现了当局鼓励生育的政策。俄罗斯是世界上产假最长的国家之一，母亲可以休全额津贴产假 140 天，产前产后各 70 天。之后还可以休假至孩子到一岁半，工资则仍然可以领取前两年平均收入的 40%。并且根据 1989 年的法律，产妇可以休假至孩子三岁，雇主不得解雇且必须保留职位。白俄罗斯也给予了母亲 3 年的产假，白俄罗斯在 2018 年 3 月时计划为男性提供强制性的产假。男子能够在孩子出生之日起 6 个月内享有长达 14 天的产假。雇主可以通过集体协议支付工资，但预计这一时期的工资不会被保留。

乌克兰在劳动上鼓励生育政策也丝毫不落后，在乌克兰的爸爸们没有产假，但是却给予了妈妈们充足的产假。妈妈的产假分为带薪和不带薪两部分：带薪假期为分娩前 70 天，分娩后 56 天；带薪假期结束后，若还需要留在家中可以申请 3 年停薪留职的产假，并且这 3 年也计入工龄。如果孩子有生病证明，还可以再申请 3 年停薪留职的假，但是不再计入工龄。比较有意思的是，如果家庭需要妈妈工作，爸爸可以申请计入工龄的 3 年产假。

(3) 从劳动合同的内容上来看，白俄罗斯、俄罗斯和乌克兰的劳动法都规定了在劳动合同中必需的要素，例如工作地点、劳动能力、工作内容、时期、持续时间、报酬和休假。俄罗斯与别国有所区别的是，其要求对劳动职责的表述要非常的具体和充分，雇主不得要求雇员完成劳动合同中没有约定的工作，并且劳动合同规定的劳动职责不经过另一方的同意不得变更。白俄罗斯则要求合同主体的权利义务、雇员的社会保险条件以及合同双方的责任作为劳动合同的必要条款。同时该三国在劳动合同中都可以根据劳动合同双方主体的协商，补充一些与法律不相抵触的条款。①

---

① 耿玉娟：《独联体国家劳动合同法律要素比较分析》，《河南师范大学学报（哲学社会科学版）》2014 年第 1 期。

从上述三国的内容来看，独联体国家劳动法的差异性不大，与一般国家的劳动法规定的内容大致相同，劳动合同规定了基本的要素，独联体国家劳动法最大的特点在于，主要内容受苏联的影响，着重于劳动者的权益保护。又因为其人口老龄化和生育率下降的国情，使得该三国不仅仅在国家政策上鼓励生育，在劳动法上关于生育假期的规定上也长于绝大部分其他国家。但又因为独联体本身政治的因素，导致了独联体国家经济上的不稳定，特别是通货膨胀，所以即使规定了最低工资标准，但乌克兰和白俄罗斯的恩格尔系数仍然较高。

三、该地区劳动法律制度特征

独联体国家劳动法注重对工资的规定，例如非现金形式的工资不能超过月工资总额的 20%且不能以优惠券、债务、借条、酒精用品等其他违禁物品和限制流通的物品作为工资支付，并且在工资制度发展上朝着更加市场化的角度发展，如白俄罗斯逐渐避免对劳动市场的过度监管。

独联体国家劳动法不仅仅停留在保护劳动者上，更加注重劳动者的体面生活，必须保障雇员的工作条件，提供必需的职业保护，及时并且足额支付雇员的劳动报酬。

独联体国家劳动法注重鼓励经济发展，独联体国家的政治环境不稳定，经济发展程度也较欧洲国家低，所以鼓励经济发展是该地区国家的一项重要工作，俄罗斯的劳动法修改降低了对劳动报酬的限制性规定，乌克兰鼓励劳动者的培训工作，该些条款都致力于开放劳动市场，鼓励提升劳动者的素质从而提高经济发展。

独联体国家劳动法注重对女性的保护，众所周知，独联体国家如俄罗斯、乌克兰等在男女比例上很不平衡，女性占总人口的大部分比例，而一般情况下，女性在劳动力市场上又处于一种劣势的地位，所以该地区的劳动法在女性保护上通常力度会大于其他地区的女性保护，如乌克兰有专门的一章节来保护女性劳动者。

独联体国家劳动法规定的假期要远高于其他地区，独联体国家的出生率比较低，早在 1996 年的报告就显示俄罗斯出生率和死亡率严重不匹配，所以在该地区的劳动法政策中会融入国家对生育提高的政策，而假期就是鼓励生育的一种常用的方式，通过给予长时间的带薪生育假期和哺乳假期来提高劳动者的生育意愿。

独联体国家劳动法都脱胎于苏联劳动法，1918 年苏维埃政权通过了第一部《苏俄劳动法》，1970 年通过了《苏联和各加盟共和国劳动立法纲要》，随后，东欧一些原社会主义国家以苏联劳动法为蓝本，也陆续制定了本国的劳动法规范。自苏联解体后，原苏联各加盟共和国组成了独立国家联合体，这些国家对原有的劳动法再次进行了修改，并陆续颁布各种单行劳动法规。

第六节　南亚国家的劳动法律制度分析

一、该地区国家基本特点

南亚既是世界古文明发源地之一，又是佛教、印度教等宗教的发源地。目前，佛教主要流传于斯里兰卡和不丹；印度教主要盛行于印度和尼泊尔；巴基斯坦、孟加拉国和马尔代夫等国的居民主要信奉伊斯兰教。南亚地区是世界范围内，人口最密集的区域之一，所以南亚国家大都对外籍劳工设有很多限制，鼓励使用本国的劳工，并且该些国家会出口大量的劳动力来补充外国劳动力市场。

因为历史原因，印度和巴基斯坦的法律体系较为相似。印度是一个资本主义联邦制共和国，总统是最高领袖，但其职责是象征性的，实权由总理掌握。是世界第二人口大国，也是金砖国家之一，印度经济产业多元化，涵盖农业、手工艺、纺织以至服务业。印度三分之二人口仍然直接或间接依靠农业维生，近年来服务业增长迅速，已成为全球软件、金融等服务业最重要出口国。全球最大的非专利药出口国，侨汇世界第一。印度是社会财富分配较为不平衡的发展中国家。巴基斯坦伊斯兰共和国，意为“圣洁的土地”“清真之国”。绝大多数居民信奉伊斯兰教，是一个多民族伊斯兰国家。国语为乌尔都语。1857 年莫卧儿帝国(包括今印度和巴基斯坦)沦为英国殖民地，成为英属印度的一部分。1947 年 6 月英国颁布了《蒙巴顿方案》，实行印巴分治。1956 年 3 月 23 日，成立巴基斯坦伊斯兰共和国，为英联邦成员国。1971 年巴基斯坦东部地区独立，成立孟加拉人民共和国。巴基斯坦是经济快速增长的发展中国家，也是世界贸易组织、伊斯兰会议组织、77 国集团、不结盟运动、上海合作组织和英联邦成员国。

孟加拉人民共和国人口约 1.6 亿，孟加拉族占 98%，另有 20 多个少数民族。孟加拉语为国语，英语为官方语言。伊斯兰教为国教，穆斯林占总人口的 88%。孟加拉族是南亚次大陆古老民族之一。孟加拉地区曾数次建立过独立国家，版图一度包括现印度西孟加拉、比哈尔等邦。16 世纪孟加拉已发展成次大陆上人口最稠密、经济最发达、文化昌盛的地区。

尼泊尔联邦民主共和国 80%的人口从事农业生产，是世界上最不发达的贫困国家之一，国民人口 80.6%是印度教徒，其余为佛教徒、穆斯林等。尼泊尔地处喜马拉雅山南麓，徒步旅游和登山业发达，产值约占国民生产总值的 29%。

阿富汗伊斯兰共和国是一个位于亚洲中南部的内陆国家，坐落在亚洲的心脏地区。与大部分比邻的国家有着宗教上、语言上、地理上相当程度的关联。阿富汗实行总统共和制。总统为国家元首，是国家最高行政执行者。总统在行政、立法和司法领域具有特权。总统由全民选举产生，任期5年。

二、该地区国家劳动法律制度概览

(一) 印度劳工政策

印度劳工政策的主要目的是维持产业和平和促进劳工福利，反对虐待和剥削劳工。印度的经济和劳动就业通常区分为有组织经济部门及其就业和无组织劳动部门及其就业，有时也被称作正式部门及其就业和非正式部门及其就业。无组织劳动部门指的是那些由个人或家庭所有，较少涉及雇用，在收入、安全及社会保障等劳动条件方面都缺少规范的经济领域。无组织经济及其就业广泛存在于印度经济发展的各个方面，主要存在于农业、制造业和服务业。到2017年共有44部与劳动雇用问题相关的联邦法律和200多部邦一级的劳动法律。①最重要的四部是《工会法》《工业纠纷法》《工厂法》《合同工法(规定和禁止)》，规定工人每周最长工作时间不超过48小时；每工作10天必须有1天休息；每工作20天必须有1天有薪假日；对妇女和童工有特殊的规定，禁止雇用15岁以下的童工；禁止妇女每天工作超过9个小时，同时禁止妇女在晚上7点到早上6点工作。对于工厂也有极其细致的规定，包括每14个月刷墙一次，以及每5年重涂一次；强制执行适当的废物处理；要求有数量足够并且相互分隔的男性和女性休息室。并且劳动法庭也几乎一边倒地站在劳工一边，比较全球的劳动法，印度法可以说在劳工权利保护程度上是远远高于同等经济发展水平的发展中国家，甚至超过了部分发达国家。②

---

①② 陈金英:《印度劳动法改革及其争议》,《国际观察》2017年第11期。

(二) 巴基斯坦劳动法

巴基斯坦劳动法的起源可以追溯到印巴分治初期。那时,巴基斯坦的劳动法主要继承印度时期的成例。后来,为适应工业化和人口膨胀等问题,以及政府对社会进步和保障社会福利所承担的法律责任等的变化,该国劳动法经过一系列调整完善,从而形成现行的体系。巴基斯坦政府推行了多项劳工政策,反映了政府从军管向民主政府治理方式的转变。按照该国宪法规定,劳工被看作是一个“相互依存的整体”,意味着联邦和省政府均对其负有责任。但是,为保持一致性,由联邦政府颁布和实施法律,并规定省一级政府可以根据省里的特殊情况和要求,自行制定规章制度。①

在工作时间方面,对任何年满 18 周岁的工人不得要求,也不允许其在任何机构每天工作超过 9 小时,每周不得超过 48 小时。同样针对儿童的工作时间有特殊的保护,18 岁以下的年轻人不得被要求或允许其每天工作超过 7 小时,每周不得超过 42 小时。工厂雇用儿童工作每天不超过 5 小时。不得要求工人持续工作超过 6 小时,除非其至少有一个小时的休息或用餐时间。在斋月期间,制造业、商业和服务业机构还应遵守特别的缩短工作时间的规定。巴基斯坦宪法明确禁止工厂、矿区和其他有害环境雇用年龄低于 14 岁的儿童。另外,宪法还将保护儿童、消除文盲和提供最低义务教育以及规定确保公平和人道的工作环境,确保儿童和妇女不会受雇于不适合其年龄和性别的工种等作为巴基斯坦方针政策的原则。《1934 年法案》允许雇用 14 至 18 岁的儿童,前提是这些青少年必须获得由鉴定医生出具的健康证明。按照该法案的第五十二章规定,鉴定医生可以应任何希望在工厂工作的儿童或青少年,或者应其父母或监护人,或应本人愿意为

---

① 吕洪清:《人力资源属地化建设》,《人力资源管理》2014 年第 6 期。

之工作的工厂的申请，检查此人并证实其是否适合此项工作。《儿童雇用条例》从另一个角度保护童工的权益，任何违反宪法雇用儿童或允许儿童工作的人都可被处以最高一年的监禁或罚款 20 000 卢比或两者并用。对再次违法的行为最高可处以两年监禁，最低不少于六个月。

工人结社权方面，任何机构和行业的工人和雇主在符合相关法律的条件下，都有权成立或加入自己选择的联合会。工人组织和雇主组织都有权成立或加入联盟或同盟，而且任何联盟或同盟组织均应有权成为国际组织、工人联盟以及雇主组织的分支机构。工会在劳资纠纷中具有代表性以及在各委员会中具有代表权，“集体谈判代理”（CBA）就是他们权利的体现。集体谈判代理有资格就工作、不工作、工作条件或按照法律规定赋予集体谈判代理或任何工人的权利保障或任何奖励或协议等有关的事务与雇主进行集体谈判。同时，集体谈判代理也可以制定集体合同。集体合同可包含诸如在机构中为行业工会活动提供条件和包括不满、纪律程序等情况在内的劳资纠纷的解决程序等内容。

从巴基斯坦的劳工法来看，虽然脱胎于印度的法律体系，且大部分的内容都与印度劳工法的内容相似，但却发展出了较为强硬的工会制度，提高了劳工在巴基斯坦的地位和话语权。

（三）孟加拉国劳动法律

孟加拉国现有 44 部与劳动法有关的法律法规，其中最重要的是 2006 年修订的《孟加拉国劳动法》。该法和一般劳动法的主要内容相似，对雇用、报酬、工作时间、工作场所条件、工会设立、劳动者管理、工伤事故赔偿、最低工资限额、产假期间待遇、劳动者分红等内容作了详细规定。①孟加拉

① 龚柏华：《上海企业参与“一带一路”海外投资的法律风险与应对》，《上海法学研究》2019 年第 4 卷。

国劳动法规定工厂或企业员工最小年龄为18周岁。雇用合同一般为书面合同。一般有3个月至1年的试用期，试用期内，双方均可提前1个月通知对方终止合作。与别国劳工法相比，孟加拉最大的特点在于其作为具有工会运动传统的国家，孟加拉国全国有超过6 400个工会组织，其中12个为大型工会组织。孟加拉国大多数工会与政党相连，斗争性强，故常为政治所用，经常因政治原因组织大规模罢工。

(四) 尼泊尔劳工法

与上述三种劳工法截然不同的是尼泊尔的劳工法，其总经理制度最具特色。《劳工法》多次提及总经理，总经理在劳动关系中权限很大，是在内部活动中最具有权限的人。总经理可以给工人或雇员分级，并以书面方式给其分配工作，确定工时，负责报酬。同样，劳工法也规定了总经理必须负责工作环境的干净卫生，保证劳工的工作条件，提供安全保护设施。此外劳工法规定了很多特殊的要求，例如，50人以上的企业应当安排托儿所，配有休息室和小卖部。并且对茶园这种工作环境作了特别的限定，包括保证工人孩童的教育、提供急救中心、安排体育活动等。虽然总经理在劳工法中具有很多权利，但同样对其作出了很多限制，政府就可以直接对总经理发出必要的指示，也可以命令企业撤换总经理。

(五) 阿富汗劳工法

相比其他南亚国家，阿富汗的劳工法则没有那么的成熟，阿富汗《劳动法》经过三次修改更新完善。根据2007年的规定，青少年的工作年龄从12岁提升至15岁，并且每周工作时间不可超过35小时。员工工作时间为周六至周四，一天正常工作时间不能超过8个小时；除喀布尔外，阿富汗其他省份周四的工作时间不能超过5个小时。晚上七点以后的加班不能超过1个小时。加班工资方面，管理人员晚上加班工资最低按115％计，生产工人晚上加班工资最低按125%计，不允许工人连续工作2个班次。周末和节日的工资按150%计。退休年龄方面，男性退休年龄65岁，最高不能超过70岁。女性退休年龄55岁，最高不超过60岁。

(六) 斯里兰卡劳工制度

在南亚所有国家中，对本国劳工保护力度最强，并且限制外国劳工力度最大的就是斯里兰卡的劳工法，斯里兰卡全称斯里兰卡民主社会主义共和国，旧称锡兰，是个热带岛国，位于印度洋海上，英联邦成员国之一。经济以农业为主，而该国最重要的出口产品是锡兰红茶。该国亦为世界三大产茶国之一，因此国内经济深受产茶情况的影响。斯里兰卡《劳工法》的核心内容包含以下几方面：工资、薪酬、福利的规定；对妇女、儿童的保护；职业安全健康以及对劳工的赔偿；社会保险；雇主与雇员的劳动关系；其他规定；对外国人的就业规定。斯里兰卡《劳工法》保护工人权益，外资对当地企业进行收购、兼并时不得随意开除工人。在斯里兰卡，雇主和雇员须分别缴纳相当于雇员工资12%和8%的“雇员公积金”(EPF)。雇主还须缴纳相当于雇员工资3%的“雇员信托基金”。此外，雇主须在工龄超过5年的雇员退休时按该雇员上月工资的50%与服务年限的乘积支付其退休金。

三、南亚地区劳动法律制度特征

南亚地区是佛教、印度教等宗教的发源地，又是世界范围内人口最密集的区域之一，所以该地区的劳动法通常会受到传统宗教、国情、行业、地区等因素影响。

南亚地区劳动法受人口影响巨大：南亚地区人口超过世界人口的五分之一，是世界上人口最多和最密集的地域，所以南亚国家大都对外籍劳工设有很多限制，鼓励适用本国的劳工，并且这些国家会出口大量的劳动力来补充外国劳动力市场。

南亚地区劳动法着重对劳动者保护：南亚地区或许曾是英国殖民地的原因，在劳动法上非常注重对劳动者的保护，并发展出了强硬的工会制度，如巴基斯坦的集体谈判代理，孟加拉国则有超过 6 400 个工会组织。

第七节 “一带一路”沿线国家劳动法律制度的总体评述

“一带一路”沿线国家劳动法律制度是该国法律体系的一部分，根植于该国的历史和传统之中。而且劳动法律制度由于直接涉及人的使用，更带有强烈的地域文化色彩。从整体的法律环境看，“一带一路”沿线国家的地理位置、历史沿革的不同，导致各个国家间的人文环境，包括法律制度都存在着极大差异。例如根据“一带一路”所含范围，绝大部分中亚国家，部分东南亚国家（包括老挝、缅甸等国），均属于大陆法系范围；而印度、巴基斯坦等国家虽地理位置上为亚洲国家，但却属于英美法系范围。伊斯兰法系，又被称为阿拉伯法系，其范围涵盖了阿富汗以及除伊拉克、以色列等少数国家外的绝大部分中东国家。这意味着不同法系国家的法律分类与术语、法律表现形式、审判模式与技巧、法律适用规则等差异较大，同一纠纷在不同法系国家之间的处理方式各异，法律的适用性会被削弱。同时，因所属法系不同而产生的法律信息不对称，也可能会给投资“一带一路”沿线国家带来许多无法预测的风险。①

具体到沿线各国的劳动法律制度，可将其特点归纳为以下几点：

其一，“一带一路”沿线地区国家在各自的劳动法律制度中对“平等”这

---

① 李玉璧、王兰：《“一带一路”建设中的法律风险识别及应对策略》，《国家行政学院学报》2017 年第 5 期。

一定义的概念并不一致。由于各国特有的民族问题、观念问题等，平等劳动以及反歧视条款在上述各国的劳动法律制度中有一定的存在。总体来看，由于受宗教的影响，妇女的劳动权利在各国都有不同的规定。而且有时候孕妇这一特殊身份可能会对妇女权利义务产生较大影响；另外由于各国老龄化特征不一，老年人的退休年龄，工作权利等规定也有较大差别；最后，占相当比例的“一带一路”沿线国家由于国内经济下滑，失业率上升等原因，对于企业聘用本国公民有着不同程度的奖励性政策乃至强制性规定。如果投资者违反强制录用本国劳工的相关法律，投资者可能会面临行政罚款甚至强制停产等处罚。

其二，一部分国家的劳动法律制度均赋予了工会相当大的权利，我方对外投资时须认真对待。虽然权利边界不一，但若忽视这一特殊制度，不仅在经营业务上将面临重重阻碍，甚至有可能面临工人集体合法罢工，激烈抗议等极端情形。工会权利包括很多内容，不同的国家由于历史传统和法治传统不同，其对工会的态度也不同，赋予的权利有多有少，有的国家甚至没有工会（如一些阿拉伯国家），但大多数国家均允许工会存在。尤其是一些中东欧国家以及东南亚国家，它们往往更加重视工会，赋予工会更多的权利。[①]而且工会一般由会员缴纳会费维持，所以更加倾向于工人利益，而与资方利益对立性较强。我国企业在“走出去”的过程中，作为投资方应该高度重视。

其三，在雇工待遇和福利保障方面，部分“一带一路”沿线国家对此有着较高的福利标准和要求，尤其以中东欧国家为甚。如果违反雇工待遇福利保障相关规定，对工人的权益造成了侵犯，则可能面临处罚、诉讼等风险。劳工福利标准在不同国家有不同的规定，基本取决于该国的传统和经

① 这方面尤其以德国最为典型。

济发展水平。欧洲国家由于经济发展水平较高，同时又是近现代国家福利制度的发源地，①使得一些国家具有高福利的传统，其福利水平畸高。民众对于企业所给予的福利期待亦很高。如果企业给予的福利待遇达不到预期，容易引发诉讼，甚至群体性事件，如罢工、集体抗议等。

其四，在劳动关系的解除问题（即解雇保护问题）上，各国规定各不相同，需认真研究。作为劳动法律制度的核心问题之一，劳动关系解除制度一直是各国劳动法的重点。各个国家都根据自身国情作出了不同的规定。我国企业需要在投资前认真研究，避免引发相关的纠纷。

其五，在工资、工时以及休息休假问题上，“一带一路”沿线各国普遍规定相对较为简单和宽松，即员工休息时间较长，另外还有不少宗教节假日，有的节假日虽然不是宗教节日，但跟宗教有千丝万缕的联系。这些都是我国企业在国内经营时不曾遇到的。而且不少国家普遍没有综合工时制和不定时工时制等较为灵活的工时制度。这就决定了一旦在节假日工作就需要支付高额加班费，而且不能强制在节假日加班，否则构成强迫劳动。

其六，各国在劳动法（雇用法）之外，还有很多特别规定，也构成该国劳动法律的重要内容，我国企业在“走出去”过程中需要认真加以对待。这些特别规定可能跟雇用人数的标准有关，也有可能跟投资数额有关，也有可能与行业有关。虽然规定较为琐碎具体，但却往往对投资国的利益有重大影响。如有的国家或地区将投资数额与雇用人数挂钩，有的国家或地区将雇用当地人的数额与雇用外籍员工的数额挂钩等。

以上对“一带一路”沿线国家劳动法律制度的基本特点作了一个相对概括的分析。其目的是在总体把握特征的前提下，为进一步将相关问题类型化分析，并提出解决之道打下基础。

---

① 如英国是现代福利国家的发源地，法国、希腊、北欧国家是世界著名的高福利国家。

第四章
“一带一路”倡议下企业“走出去”劳动法律问题的主要类型

对所要讨论的问题进行类型化分析，是分析问题的最重要方法之一。所谓类型化，是指将研究对象按照统一的标准分成若干类（型），类（型）之间具有明显不同的属性上的差异。通过类型化，可以将研究对象在一个剖面下的不同特征展现出来，从而实现研究的目的。将看似多样的问题，以一定的标准加以归纳整理，从中找出同类问题的特征和解决方案。这是分析和解决问题的主要方法。“一带一路”沿线国家法律制度和风土人情都不同，加之我国企业“走出去”参与国际投资和国际合作的方式不同，其面临的劳动法律问题也不同，亦可以类型化方式加以分析，并提出解决之道。

第一节　我国企业“走出去”的劳动用工模式

根据我国《对外劳务合作管理条例》以及《对外承包工程管理条例》，可以将我国企业以“走出去”的劳务合作方式为标准，分为对外劳务合作、对外承包工程和境外派遣三大类型。

一、对外劳务合作

（一）对外劳务合作概述

对外劳务合作是指我国的对外劳务合作公司组织劳务人员赴其他国家或者地区为国外的企业或者机构工作的经营性活动。在对外劳务派遣过程中，首先是对外劳务合作公司与国外雇主签订劳务合作合同，合同中就外派劳务人员的工作时间、工作地点、工作条件等达成合意。对外劳务合作公司依据劳务合作合同中的条件，以自己的名义招聘外派劳务人员并将其派到合同约定的其他国家工作。[①]

近年来，我国开展对外劳务合作取得显著成绩，在增加国民收入和促进就业等方面，发挥了积极作用。与此同时，当前我国对外劳务合作领域也存在一些突出问题，特别是一些不具备资质的单位或个人非法组织劳务人员到境外打工，如果境外务工人员的权益受到侵害，极易引发境外劳务纠纷等群体性事件，不仅损害了劳务人员的合法权益，也损害了我国的国际形象。[②]对此，依照《对外贸易法》关于“从事对外劳务合作的单位，应当具备相应的资质或者资格”的规定，国务院在 2012 年 6 月 4 日发布的《对外劳务合作管理条例》中，对从事对外劳务合作经营活动应具备的资质条件和许可程序作出严格规定。该《条例》针对从事对外劳务合作经营活动的特点，对从事对外劳务合作经营活动应当具备的资质条件，包括应符合企业法人条件，实缴注册资本不得低于 600 万元人民币，有 3 名以上熟悉对外

---

① 金瑾：《我国对外劳务派遣法律问题研究》，安徽大学硕士学位论文 2014 年。

② 国务院法制办、商务部负责人就《对外劳务合作管理条例》答记者问，载“走出去”公共服务平台网 http://fec.mofcom.gov.cn/article/ywzn/dwlwhz/zcfg/201512/20151201202324.shtml。

劳务合作业务的管理人员，有健全的内部管理制度和突发事件应急处置制度，法定代表人没有故意犯罪记录等作了明确规定；并对由省级或设区的市级政府商务主管部门依法定条件审批的程序作了明确规定。①之所以作出如此严格的规定，目的就在于从源头把握住对外劳务合作的合法性，杜绝违法违规的“黑外劳”。

(二) 对外劳务合作的法律关系

对外劳务合作关系共涉及三方当事人，分别为对外劳务合作公司、劳务人员以及境外雇主。在国内，劳务合作公司以自己的名义招收劳动者，再派遣到有需要的用工单位（接受派遣单位）工作。对外劳务合作公司与劳动者签订对外服务合同，也可以签订劳动合同；劳动者在用工单位处工作、接受用工单位的管理，两者形成实际用工关系。劳务派遣公司和用工单位共同行使了一个传统意义上用人单位的权利义务。②

由此可见，对外劳务合作公司与境外雇主之间是一种劳务合作合同关系，劳务人员与境外雇主之间形成实际上的用工关系，对外劳务合作公司与劳务人员之间形成劳动合同关系（见图 4-1）。③

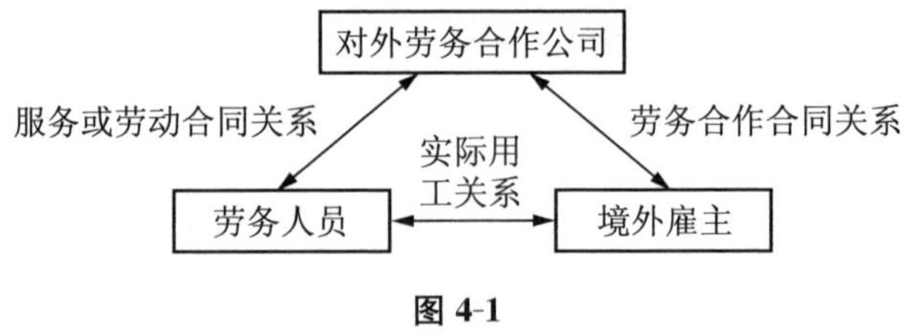

图 4-1

① 国务院法制办、商务部负责人就《对外劳务合作管理条例》答记者问，载“走出去”公共服务平台网 http://fec.mofcom.gov.cn/article/ywzn/dwlwhz/zcfg/201512/20151201202324.shtml。

② 董保华：《劳务派遣的法律思考》，《中国劳动》2005 年第 6 期。

③ 仇少明、节红英：《境外用工模式与法律适用解析》，《一带一路 · 全球化：劳动法律师业务的“走出去”论坛论文集锦》2017 年版，第 16—17 页。

二、对外承包工程

(一) 对外承包工程概述

对外承包工程指中国的企业或者其他单位承包境外建设工程项目的活动,包括咨询、勘察、设计、监理、招标、造价、采购、施工、安装、调试、运营、管理等,[①]是中国与“一带一路”沿线国家经济合作的主要形式之一。随着我国政府“简政放权”执政理念的实施,国务院于 2017 年 3 月 1 日颁布了《国务院关于修改和废止部分行政法规的决定》,整篇删去了《对外承包工程管理条例》的第二章(对外承包工程资格),并删除了与对外承包工程资质相关的其他内容。自此,施行近 10 年的对外承包工程资格制度宣告废止。国家商务部于 2017 年 11 月 13 日下发了《关于做好对外承包工程项目备案管理的通知》,正式规定将对外承包工程项目的管理制度由“核准制”改成了“备案制”,并将地方企业和中央企业之下属单位的境外工程项目备案机构下放至省级商务主管部门(特定项目备案仍由国家商务部统一负责)。由“核准制”到“备案制”的转变,大大简化了对外承包工程项目获取的政府审批程序,有利于我国对外承包企业获取对外承包工程项目,提高效率、降低隐性成本。[②]

(二) 对外承包工程的法律关系

对外承包工程劳务关系中三方当事人的关系相对独立,劳务人员作为与境内承包商形成劳动关系的员工,根据劳动合同的要求,劳务人员接受境内承包商的指令,派到境外工程所在地为发包商的工程提供劳动。[③]劳务

---

① 中华人民共和国商务部对外投资和经济合作司“走出去”公共服务平台,http://fec.mofcom.gov.cn/article/ywzn/dwcbgc/, 2019 年 6 月 5 日。

② 2017 年度对外承包工程市场综述(上),载搜狐网 http://www.sohu.com/a/220358400_99999896,2018 年 2 月 1 日。

③ 仇少明、节红英:《境外用工模式与法律适用解析》,载《一带一路·全球化:劳动法律师业务的“走出去”论坛论文集锦》2017 年版,第 15 页。

人员均与境内承包商签订劳动合同，境内承包商履行用人单位的权利和义务(见图 4-2)。[①]

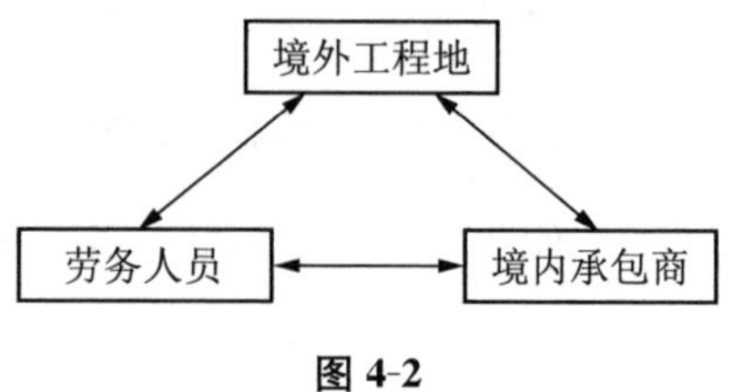

图 4-2

三、境外派遣

(一) 境外派遣概述

随着“一带一路”建设的推进，中国的对外承包工程和对外直接投资必将不断扩大，对人力资源的要求也越来越高，企业对外派人员的需求将越来越大。中国大量企业在“一带一路”建设中参与沿线国家的铁路、公路、油气管道、通信设备等的投资和建设，外派人力资源对于中国企业参与“一带一路”建设起到重要支撑作用。[②]海外派遣不仅涉及劳动者利益保护，也涉及用人单位经营战略目标的实现。[③]

境外派遣可以理解为企业对员工的一种国际调任。而在这一过程中，产生了一种新型的用工方式。母公司作为投资方为了降低风险和资本增值，会向子公司派出董事、监事以及财务负责人等高层管理人员。这类人员就是我们所说的外派人员。[④]随着公司企业发展战略的扩张，它们需要不断扩大自己的市场，在跨境资本陆续入驻的过程中，人力资本的投入必然

① 仇少明、节红英:《境外用工模式与法律适用解析》,载《一带一路·全球化:劳动法律师业务的“走出去”论坛论文集锦》2017 年版,第 17—18 页。

② 高文书:《“一带一路”建设与中国人力资源国际化》,《广东社会科学》2018 年第 6 期。

③ 洪桂彬:《浅析海外派遣常见四类劳动用工风险》,《一带一路·全球化:劳动法律师业务的“走出去”论坛论文集锦》2017 年版,第 26 页。

④ 李颖:《跨国公司海外派遣劳务法律适用问题探究》,《求索》2001 年第 11 期。

要与货币资本相匹配。此时,对于人力的需求并不仅限于从事基础劳务的人员。当公司企业需要增设区域,开拓新的市场时,从下到上可能分别需要:设备采购人员、工程建设人员、市场营销人员等。其中最主要派出的是市场营销人员;当投资开办新的企业,需要进行大量的人员招聘、设备采购、工程建设时,总部需要派出忠诚度高,同时具有丰富的新企业建设经验的高级管理人员及核心骨干人员等;并购或者参股其他企业时需要派出对总部的管理理念领会较深,能够推行公司的核心价值观,具有丰富的企业整合经验的管理人员。这部分人与普通的劳务人员无论是在文化素养上还是专业技能上都有一定程度的差异。目前,外派员工这一概念尚未在法律中有明确的规定。一般认为,外派人员是由母公司任命的在东道国工作的母国公民或第三国公民,也包括在母公司工作的外国公民,其中以在东道国工作的母国公民为主。①

(二)境外派遣的法律关系

境外派遣涉及母公司、子公司、外派员工,具有明显的国际因素。目前,关于国际雇员的劳动关系,尚无国际立法或国内立法明确规定是否应由母公司或子公司与国际雇员建立劳动关系。在实践中,通常存在三种情况。②第一种情况:外派员工与母公司签订劳动合同,形成劳动关系,但与子公司之间没有劳动合同。第二种情况:外派员工与子公司签订劳动合同,形成劳动关系,而与母公司之间没有劳动合同。第三种情况:外派员工既与母公司签订劳动合同,又与子公司签订劳动合同,此时便形成了多重劳动关系。如果存在两份合同的,应只承认母公司与员工之间形成劳动关系,而子公司只是根据母公司安排与员工签约,子公司合同只是为履行母

---

① 邓路:《跨国公司外派人员的选拔标准》,《现代商业》2008 年第 17 期。

② 谭秀阁、王珏:《中国—东盟自由贸易区的贸易效应分析》,《区域经济评论》2016 年第 4 期。

公司合同而签订，是母公司合同的具体实施的补充协议，母公司合同是主合同，也是认定劳动关系的依据。现实中，由于多重劳动关系在现实生活中大量存在，通常把第二个劳动合同视为劳务合同。多重劳动关系中的员工，一般都有一个正式签订劳动合同的“用人单位”，哪怕并不提供劳动，但可以领取最低工资、缴纳社会保险费，亦可享受社会保险待遇。而对于多重劳动关系来说，如果第二个劳动关系发生纠纷诉至法院，由于会被认定为劳务关系而不作为劳动关系来处理，劳动者只能要求劳动报酬的给付而不能要求其他依照劳动法所能享有的权益。①

第二节　劳动法律问题类型化分析

一、对外劳务合作中的劳动法律问题

在我国对外劳务合作迅速发展的同时，劳务人员在国外权益被侵害的案件数量也不断增多，劳务人员的权益保护逐渐成为突出问题。在众多侵权案件中，有些案件影响较大，曾引起国内外广泛关注。例如三名中国工程师在巴基斯坦遭袭身亡案；②我国大连近百名劳工在赤道几内亚罢工引发冲突，造成2死4伤事件；③日本山梨县中国女工因日方超时加班、拖欠工资等提出抗议，遭到日方暴力遣返事件；④700余名在罗马尼亚中国工人因工资问题罢工事件等。海外劳务人员的权益保护问题不仅涉及劳务人员切身利益的保护问题，还关乎我国的国际形象和对外劳务合作乃至整个

① 谭秀阁、王珏：《中国—东盟自由贸易区的贸易效应分析》，《区域经济评论》2016年第4期。

② 3名中国工程师在巴基斯坦遇袭身亡，载搜狐网 http://news.sohu.com/20060216/n241860508.shtml，2019年6月11日。

③ 中国劳务人员在赤几罢工引发冲突　中方人员2死4伤，载中国网，http://www.china.com.cn/overseas/txt/2008-03/28/content_13778699.htm，2019年6月11日。

④ 中国女工在日遭虐事件：当事人已完全沦为奴隶，载凤凰卫视网 http://phtv.ifeng.com/program/hwdzb/200809/0911_1943_779083.shtml，2019年6月11日。

国民经济的健康发展,因此必须予以高度重视。①

根据不同标准,劳务人员权益受损可分为不同类型:根据受侵害主体的不同,可分为个体劳务人员权益受损和集体劳务人员权益受损;根据加害主体的不同,可分为外派企业侵害劳务人员权益和境外雇主侵害劳务人员权益;根据侵害权益性质的不同,可分为侵害劳务人员实体权益和侵害劳务人员程序权益;根据侵权时间的不同,可分为侵害劳务人员出国前及出国途中的权利、抵达就业国之后的权利、就业期间的权利、返回时的权利;根据是否需要在劳务合同上载明,可分为侵害劳务人员的合同权益和侵犯劳务人员的非合同权益。由于分类方法、标准较多,篇幅所限,本部分将着重依据在对外劳务合作中侵犯海外劳务人员的合同权益与非合同权益的分类进行分析。

(一) 海外劳务人员合同权利受侵害②

合同权利主要是指对外劳务合作公司、劳务人员和境外雇主三方在签订相关的合同之中所约定的关于劳务人员的权利。在对外劳务合作中,我国劳务人员权利受侵害主要表现在以下几个方面:

1. 休息休假的权利

工作时间以及休息休假在劳务合同中作为主要合同条款应当明确规定。但在实际执行中,境外雇主常常故意违反,任意加班加点、延长或变相延长工作时间,剥夺外派劳务人员的合法休息休假权利,有的甚至采取各种措施强迫劳务人员加班加点,并且不按规定给予补假和支付加班工资。③

---

① 倪秀菊:《论我国对外劳务合作中劳务人员权益的法律保护》,山东大学硕士学位论文 2015 年。

② 有些权利虽然在国内法上属于法定权利,但在涉及海外劳动者时,则成为合同权利。

③ 蒋顺华:《我国外派劳务人员权益保护法律问题研究》,湖南大学硕士学位论文 2004 年。

2. 取得劳动报酬的权利

境外雇主为了降低生产成本，从中获取更大的利益，有时会借故克扣拖欠工资，不按合同约定的数额和时间发放工资，或者通过超时加班、拖欠工资等方式损害劳务人员取得合法劳动报酬的权利，从而导致劳资双方矛盾。例如上文所提到的“日本山梨县中国女工遭暴力遣返案”“中国工人在罗马尼亚集体罢工案”等，都是因为对当地的工资待遇不满而引发的问题。

3. 获得社会保险和职工福利的权利

我国的社会保险包括养老保险、医疗保险、工伤保险、失业保险等。其他国家和地区一般也有社会保险，只是险种不同、保障水平不同。在对外劳务合作中，劳务人员的社会保险权利尤为重要，特别是涉及工伤的事故处理和救济与恢复。如果境外的工作环境和条件相对恶劣，甚至存在安全隐患，将会直接损害劳务人员的身心健康。有些国外雇主在与对外劳务合作企业及劳务人员签订合同时，对工伤保险等社会保险条款予以模糊规定，或者利用不同国家间法律规定的漏洞逃避责任。①职工福利则是用人单位为改善职工的生活条件、提高生活水平而建立的一项制度。通过各种形式创造公共福利设施，为劳动者休息、休养和疗养提供条件，从而改善集体福利，提高劳动者福利待遇。在海外劳务派遣中，职工福利往往通过合同予以约定。但一些境外企业为了节约用工成本，会对外派劳务人员进行歧视待遇，压缩其基本的福利待遇，使其不能正常地享受同等的福利和待遇。

需要指出的是，有关社会保险权利的享受，在一定程度上还取决于投

---

① 朱敏、杨慧、袁海东:《人才国际化与中国企业“走出去”》,《科学学研究》2019 年第 2 期。

资(派出)国和投资目的国之间的双边协定。国与国之间有关社会保险的双边协定主要目的在于豁免双方在对方国家投资时缴纳社会保险的义务,如中日、中韩之间都有关于养老保险的协定。一旦双方达成协议,则可以在协议的范围内互免对方在本国投资时的社会保险义务,从而降低对方企业的经营成本。在此情形下,一般会在合同中予以说明,并明确不缴纳某一项社会保险费。此情形下不构成对劳动者合同权利的侵犯。

4. 接受职业培训的权益

我国海外劳务人员在外工作的时间一般不长,且期限确定,因此境外雇主为了节省费用,特别是考虑大部分外派劳务人员就业服务期间不长,故不愿在外派劳务人员身上花费教育培训费用,从而使外派劳务人员的专业知识和技能不能得到继续教育和训练。这也限制了劳动者进一步发展的权利和可能。①

(二) 海外劳务人员非合同权益受侵害

非合同权益,主要包括一些无需在合同中明确约定的,但劳务人员应当享有的其他法定权益。主要是指一些与劳工密切相关的一般人格权,包括人身自由、人格尊严、参与社会活动等权利。

1. 人身自由

境外企业有时为防止劳务人员逃跑,或借口加强管理,通过扣留护照、签证,强迫加班等方式任意限制甚至剥夺外派劳务人员的人身自由。

2. 人格尊严

境外雇主凭借其经济政治优势地位,可能对外派劳务人员存在歧视,甚至任意打骂、侮辱外派劳务人员,侵犯其人格尊严。

① 朱敏、杨慧、袁海东:《人才国际化与中国企业“走出去”》,《科学学研究》2019 年第 2 期。

3. 参与社会活动

社会参与是一个劳动者的基本权利，基本的社会参与包括参加工会、协会等组织。而且境外当地的工会对劳动者的权益可能起到一定的保护作用，但由于外派劳务人员可能存在语言障碍，不了解当地法律法规和宗教、生活习俗等问题，无法与当地融合，因此想要加入当地的工会变得十分困难。这使得劳务人员在劳动权益受损时，失去一条重要的维权途径。

二、对外承包工程的劳动法律问题

根据商务部印发的《商务部关于加强对外投资合作在外人员分类管理工作的通知》（商合函〔2013〕874 号）第四条第一款的规定“对外承包工程企业可以向其在境外承揽的工程项目派遣所需人员，但必须已经与所派人员签订《劳动合同》”。据此，国内承包商可以向其在外国或地区承包的项目派遣员工。国内承包商在境外进行工程承包的过程中，需详尽地了解投资目的国的政策和法律规定，以此来防范可能发生的风险。本书将对外承包工程的劳动法律问题分为合同履行问题、行政管理问题和社保福利问题三类。

（一）合同履行中的劳动法律问题

在对外承包工程中，由于在签订合同时权利义务规定不明确，或者由于外部因素所引起的合同履约条件的变化，均有可能造成合同部分甚至全部履行不能，从而对在境外所承包的工程产生不利影响，进而影响劳动者的权利。具体而言主要包括：

1. 因对合同条款解释不同导致的劳动者权益损害

通常情况下，容易产生争议的地方包括：一是对于工作范围的边界不明确，比如前期工程范围、主体工程范围、附属工程范围、设计范围以及设备采购范围等方面的定义不清晰；二是工作接口界限划分不清，比如涉及大型项目时，由于系统与系统之间涉及的接口多，工作范围和责任有可能出现接口模糊，分包商与分包商之间，工程联合体内部之间可能会相互推诿、扯皮，甚至出现二者结合部位没人问津的局面；三是投标时对招标文件及业主要求的理解不透彻。例如承包商为达到中标的目的，会存在低价投标，造成中标后无法顺利完成项目，导致巨亏。可想而知，如果发生这样的情形，投资方不仅无法盈利，甚至发生巨额亏损。此时员工的劳动权益亦可能受到损害，甚至无法保证合同中约定的劳动权益。

2. 因合同中“准据法”的选择而导致的劳动者权益损害

在国际私法的一般原则下，涉外民商事合同当事人可以选择准据法。除了在国际私法中通用的原则之外，每个国家的法律制度均有其自身的特点，一些国家对选择适用法律存在限制，不允许通过选择法律剥夺劳务人员依照项目所在地法律应当获得的强制性保护。因此，选择不同的准据法，很有可能会使法律结果截然相反。由于合同往往是派遣单位制定并提供，其有可能在选择准据法时选择一个有关联，但对劳动者不利的法域的法律作为准据法。①

3. 因对外承包工程违规转包分包导致的劳动者权益损害

所谓违规转包分包，一般是指对外承包工程的承包方将工程项目转包或部分分包给不具有资质的其他承包商。②2015 年，南通某建筑公司海外公司负责人张某，违规将海外工程项目分包给不具备施工资质的劳务公

① 根据《中华人民共和国合同法》第一百二十六条规定：“涉外合同的当事人可以选择处理合同争议所适用的法律，但法律另有规定的除外。涉外合同的当事人没有选择的，适用与合同有最密切联系的国家的法律。”《中华人民共和国涉外民事关系法律适用法》第四十三条规定：“审理劳动合同案件，适用劳动者工作地法律；难以确定劳动者工作地的，适用用人单位主营业地法律。劳务派遣，可以适用劳务派出地法律。”

② 我国《对外承包工程管理条例》第十条规定，对外承包工程的单位不得将工程项目分包给不具备国家规定的相应资质的单位。

司，由该劳务公司组织招收 70 多人，收取每人 1 万—2 万元不等的出国保证金。张某为工人办理商务签证并陆续派出境外。2016 年 1 月，因劳务公司拖欠工资且后勤保障不力，项目无法继续进行下去。工人强烈要求结清工资并退还保证金后回国。因双方未达成一致，工人到我国驻外使馆上访求助并造成恶劣影响。工作组调查后认为，因公司管理不善，其海外公司违规分包工程项目并导致欠薪，责成公司支付所欠工人工资并退还保证金，合计近 200 多万元。因工人非法滞留，公司被项目所在国政府处罚金近 400 万元。张某因犯组织他人偷越国(边)境罪被判刑。本案中的建筑公司及其海外公司负责人张某的上述行为显然违反了相应的法律法规。

4. 由于安全事故引发纠纷导致的劳动者权益损害

对外工程承包中的安全风险主要体现在两个方面，即普通安全问题和安全事故。如果产生的安全问题不属于法律界定的重大安全事故，承包人的法律风险尚且可以控制在例如侵权赔偿、工伤补偿、违约金、与第三方主体承担连带责任等民事责任。如果出现安全事故，承包人除承担上述民事方面的法律责任外，还会涉及例如吊销营业执照或资质、停业整顿、罚款等行政法律责任，甚至会承担例如重大劳动安全事故罪等刑事法律责任。在处理索赔问题时，由于引起索赔的原因不明确、无法确定承包商或者境外雇主的责任分配或者各国不同的法律依据等问题，劳动者均有可能导致无法索赔、索赔困难等风险。

(二) 社会保险问题

通常情况下，企业应当按照中国的法律规定为外派人员缴纳社会保险金。在某些特定情形下，对外承包工程项下外派人员可能也需要根据项目所在国的规定在当地参加社会保险，如根据《工伤保险条例》第四十四条的规定，如果外派人员依据项目所在国的规定应当参加当地工伤保险的，在参加当地工伤保险期间，其国内的工伤保险关系可以中止；不能参加当地工伤保险的，其国内工伤保险关系不可以中止。作为社会保险的补充，根据《对外承包工程管理条例》的规定，对外承包工程企业应当为外派人员购买商业保险性质的境外人身意外伤害保险。由于我国《社会保险法》第三十条第一款第四项规定，在境外就医的医疗费用不纳入基本医疗保险基金支付范围，因此对外承包工程企业有时还需要为外派人员购买海外医疗保险。此外，对外承包工程企业应当按照项目所在国的规定购买雇主责任保险，如果项目所在国不强制实施雇主责任保险，对外承包工程企业也可以自愿购买，可以在发生责任事故时减轻雇主的赔偿责任。可见，无论是出于法律的强制性规定，还是出于雇主自身利益考虑，参加社会保险或一些基本的商业保险都是需要的。现实中仍有部分企业看重眼前利益，既不愿参加法定的社会保险，亦不愿购买商业保险。这样既侵犯了外派员工的合法权益，又给自身增加了几分风险。

(三) 福利待遇问题

严格地说，福利并非法定权益，并不像社会保险那样具有法定强制力，但其实并非可有可无。一方面福利体现了企业对员工的关怀，是企业建立凝聚力的重要方面；另一方面，在我国社会保险项目和待遇尚与一些发达国家存在差距，我国目前尚无专门的海外员工劳动权益保护立法的前提下，考虑到海外员工的特殊之处，企业的福利其实带有一定的社会保障性质，应属于员工社会保障权的范畴。为此，一些部委在文件中对福利问题加以明确，有些大型国企会以总公司名义下发文件，规定一些员工福利。这些都构成劳动者福利的依据。如根据《商务部关于切实做好对外承包工程项下外派劳务管理工作的紧急通知》(商合函〔2008〕11 号)

的规定,[①]对外承包工程企业应当在其与外派劳务人员已签及新签劳动合同中充分考虑汇率因素,并采取固定汇率等有效措施保证外派劳务工资不缩水。对外承包工程企业应根据工作岗位、工作地区、工作环境以及赴境外连续工作时间等因素提供相应的外派津贴和补贴,如岗位津贴、现场作业津贴、地区津贴、海龄补贴和安全风险补贴等。一些效益较好的对外承包工程企业一般还为外派人员提供住房和就餐补贴、探亲休假差旅费、随行子女教育费、健康体检、安家费补贴等福利待遇。另外,一些企业还可以通过集体合同对本企业福利予以明确。然而现实中,依然可以发现不少企业存在不执行、打折扣执行部委规定,或者在有能力的前提下不考虑员工福利的问题。

三、境外派遣的劳动法律问题

随着我国外派人员的逐渐增多,有关劳动法律问题的案件数量也呈上升趋势。相较于对外劳务合作和对外承包工程的劳动法律问题,境外派遣的劳动法律问题有着许多相似之处,但也存在其独有的特征,主要涉及合同相关问题。

(一) 合同订立及续订的法律风险

外派人员在境外长期工作的情况下,用人单位可能会忽视关于劳动合同续订的问题。根据《中华人民共和国劳动合同法》第八十二条的规定:“用人单位自用工之日起超过一个月不满一年未与劳动者订立书面劳动合同的,应当向劳动者每月支付二倍的工资。”因此,在境内劳动合同到期,境外派遣仍未结束的情况下,用人单位可能面临支付双倍工资的法律风险。

① 该通知具体内容可见《国际工程与劳务》2008 年第 6 期,第 55 页。

(二) 合同履行的法律风险

1. 薪酬支付

获得劳动报酬权是劳动者的法定权利，它不仅关系到劳动者切身的经济利益，同时也直接影响到企业人力资源管理问题。特别是存在多方主体的外派行为中，薪酬支付问题需要事先特别明确，不仅要在派出方和用工方之间明确，还需要告知外派人员。只有这样才能够保证外派人员在完成任务之后，获酬权能够及时得到保障。就外派员工的薪酬如何支付，由何方支付的问题时常发生争议，这是因为该制度中法律关系的复杂性所致，如果对三方甚至更多方法律主体之间的关系没有梳理清晰，那么就会产生责任主体确认上的困难。派出人员在完成相关任务后，即有权利请求报酬。支付主体的确定首先应当依据合同的约定，在合同未作出明确约定时，应当按照派遣制度的相关规则确定支付报酬的主体，一般由用工方支付报酬。但如果用工方与派出方之间另有协议或因派出方过错造成薪酬延迟支付等损失，那么用工方和派出方此时应当承担连带责任。①

2. 损害赔偿问题

尽管在人员外派时，各方都会依照法律关于劳务派遣的规定，签订各项合同，并约定相应的事项。但是，由于外派制度自身的复杂性和主体之间的多重性关系，使得当损失和侵害发生时，真正的责任承担主体往往难以确定，派出单位和用工单位互相推诿，任何一方都不愿意承担责任。对于外派员工在完成任务期间受到的损失无法进行补偿、就垫付问题发生争议时无法认定真正的赔偿主体等，均是境外派遣中存在的风险。②

①② 李唯嘉:《试论中国外派员工的相关法律问题》，复旦大学硕士学位论文 2012 年。

3. 合同变更的法律风险

企业基于自身的经营安排，需要外派员工回国并在国内继续履行劳动合同的，外派员工应当在保证自身利益未受到侵害的前提之下服从公司的安排。在前述王某某与山东某石油装备技术有限公司劳动争议案中“原告违反被告派驻安排，且在被告多次要求原告限期返回国内的情况下，仍无法定事由未按期返回，违反了双方签订劳动合同的约定，未履行其基本的劳动义务”，①该员工的行为不仅使公司面临巨额的担保罚款，而且给公司后续巴西签证办理工作带来严重影响，严重违反公司的管理制度。

① 山东省烟台市莱山区人民法院民事判决书，(2016)鲁0613民初513号。

第五章
“一带一路”倡议下企业“走出去”劳动法律问题成因分析

第一节　立法层面的成因分析

一、本国立法的缺失与不足

国际法上涉及海外务工人员的权益保护的法律，主要是国际间签订的条约，如《世界人权宣言》《关于公民权利和政治权利公约》等，但在我国并没有一部完整的法律予以规范，《涉外民事法律关系适用法》第六章的债权规定了劳动合同和劳务派遣的法律适用，但由于过于简化，并不能以此来保障海外劳动者的具体权益。有一些保障海外劳动者权益的文件散见于政府部门的规章管理条例及组织规范中，因此即使从立法层面看，保障海外务工人员的合法权益，政府亦发挥着不可或缺的作用。

近年来为保障与规范我国企业“走出去”。2012 年国务院发布了《对外劳务合作管理条例》，该条例是我国管理与对外劳务相关事宜的基本规范。在此之前，相关部委曾出台过一些部门规范性文件，如 2002 年由对外贸易经济部、外交部、公安部联合颁布了《办理劳务人员出国手续的办法》，主要是为简化劳务人员的出国手续而制定；2002 年出台的《境外就业中介管理规定》，是由劳动和社会保障部、公安部、国家工商行政管理总局联合发布，主旨在于引导海外务工人员的合法就业，规范境外就业机构；2002 年商务部下发了《商务部关于处理境外劳务纠纷或突发事件有关问题的通知》；2003 年财政部颁发的《对外劳务合作备用金暂行办法》主要是为规范对外经济合作企业的经营能力而制定的准备金制度。可以看出，国家近些年颁布的关于海外务工的文件呈碎片化。颁布的机构也并不统一，容易造成适用和管理的混乱。

在我国对海外务工进行规制的法规规章中，《对外劳务合作管理条例》是层级较高且较为权威的法律文件。但从其内容来看，主要是规范对外劳务合作企业，涉及海外劳动者的权益保护并不够。这主要还是由于我国现阶段处于劳工输出为主的国家，很多地方政府仅把海外劳务看作是经济发展的一环，并没有过多地对在外劳工进行保护。近年来输出的人越来越多，发生侵权事件也屡上新闻，当地的大使馆、领事馆处理的由劳工问题引发的外交事件越发增多。此时仅靠驻外机构就显得力不从心，只有完善法律，形成保护海外劳动者的制度体系，并且坚决加以贯彻执行，才能在根本上保障海外劳动者的权益。

我国《劳动法》是保障劳动者权益最基本的法律，但仅适用于中华人民共和国境内的企业、个体经济组织和与之形成劳动关系的劳动者，对于海外劳动者并不适用。对于涉外劳动关系方面，由于我国劳动法目前缺乏域外效力之规定，外派劳工之涉外劳动纠纷是否能以劳动争议得到劳动仲裁委受理存有疑问，对其所能提供的法律保护也是有限的。[①]《工伤保险条例》

① 王辉：《我国海外劳动者权益立法保护与国际协调机制研究》，《江苏社会科学》2016 年第 6 期。

中明确规定条例只适用于我国国内的用人单位，外派劳务人员的工伤保险只有原则性的规定，实际操作性不强。这说明过分地依赖于部门规章的方式并不利于对海外劳动者的保护，原因在于这些部门规章没有重点针对海外劳动者权益保护作出规定，仅注重与对外劳务合作的经济活动。

二、法律冲突规则不明确

“一带一路”贯穿了亚欧板块，沿线涉及国家和地区多达60余个，国家间法律体系多样化，大陆法系、英美法系、伊斯兰法系等不同法律体系互相交织，法律冲突在所难免。法律冲突是国与国交往不可避免的重要问题，两国公民在进行贸易交往过程中，如何适用法律规则也是国际法上的难题。近年来随着“一带一路”倡议的成功推广，跨国民事交往深入，贸易种类大大增加。一方面东道国有自己的法律规则，在与中国进行贸易时必然会随交易类型不同而制定不同的实施细则；另一方面还必须注意国与国之间签订的双边条约与国际条约，这是处理国际纠纷时引用最多的法律规则；同时亦不能忽视不同地区国家加入的区域组织，这里涉及的法律问题可能又进一步复杂化，法律冲突问题也更加难以解决。中化新加坡公司与德国克虏伯公司的一起纠纷案例即充分反映了此类问题。①

2008年，中化新加坡公司与克虏伯公司签订了购买石油焦的《采购合同》，合同中约定：中化公司向克虏伯公司采购石油焦的具体参数，适用美国纽约州的法律。而后，克虏伯公司交付的产品指数不达标，中化公司据此认为克虏伯公司的行为构成根本违约，请求判令解除合同，克虏伯公司

① 有关该案可参见《德国蒂森克虏伯冶金产品有限责任公司与中化国际（新加坡）有限公司国际货物买卖合同纠纷案》，载中国法院网 https://www.chinacourt.org/article/detail/2015/07/id/1662466.shtml，2019年7月7日。

返还货款并赔偿损失。江苏省高级人民法院一审判决，克虏伯公司的行为构成根本违约，支持中化公司的诉讼请求。其判决关于法律适用的理由是，在本案中双方虽然在合同里选择了适用的法律，但在诉讼中双方当事人均选择《联合国国际货物销售合同公约》作为确定其权利义务关系的依据，而当事人所在国(新加坡、德国)均为《销售合同公约》的缔约国，故涉案合同应适用该公约。根据公约的规定，卖方没有按照合同约定的质量交货，构成根本违约。

克虏伯公司遂向最高人民法院提出上诉，而最高人民法院终审判决是撤销原判，改判克虏伯公司承担部分货款及堆存费损失。但最高人民法院在适用法律方面与一审法院并无出入，依然确认适用《联合国国际货物销售合同公约》的正确性。

从这起案例中可以看出，明确涉外法律关系的准据法十分重要。国际条约在解决双边贸易摩擦的情况下起着很大的作用，因国际条约的适用相对自由，当事人既可以选择也可以排除适用。

中国于 2002 年与东盟领导人签署了《中国与东盟全面经济合作框架协议》，并于 2010 年正式启动中国—东盟自由贸易区。该自贸区是继欧盟、北美后的世界第三大自由贸易区，同时也是发展中国家最大的自贸区，不仅有助于促进中国与东盟的发展，同时也有助于世界的经济增长。但由于东南亚国家的政治、经济、文化、宗教各方面差异都比较大，致使各国贸易的法律适用规则并不明确。例如在投资领域，东盟各国在自己的外商投资领域都有独立的立法，尽管在某些原则性规定上有相同之处，但对于投资的方向范围、投资保护细则措施等方面，各国均有明显不同的规定。也即，仅在投资领域，法律的适用规则就显得复杂而模糊。除了东盟，“一带一路”沿线上的多个国家政治形态、法律体系、宗教信仰差别巨大，各个国家法律规范不尽相同，甚至有的方面出现的法律空白导致国与国之间在进行各项交往中难以找到适用的法律。随着国际化进程的加快，各国必然不断更新本国法律。如何协调国际、区际之法律冲突，仍是一个需要解决的问题。

三、区域合作协议空白多且覆盖范围狭窄

通过签订国家间或地区间的相关劳动合作以保护一国在海外投资的权益(含企业和劳动者)是全球通行的方式。域外劳动者劳动权利保护问题常常涉及多个国家之间的利益平衡，双边协定或者国家法律对于各个国家间利益的分配尤为重要。我国提出的“一带一路”倡议涉及国家众多，与每个国家签订的双边劳务协定进展、标准不一，甚至与某些国家还未进行合作协议谈判。加之“一带一路”沿线多数是亚洲国家，在涉及人权保护的公约与欧洲等区域相比较几乎处于空缺状态，并且就已签订的协定而言均为原则性规定，倾向于劳务合作方面，例如与新加坡签订《中新关于双边劳务合作谅解备忘录》，与约旦签订《中约关于双边劳务合作的协定》，与马来西亚签订《关于雇用中国劳务人员合作谅解备忘录》，与巴林签订《中巴关于劳务合作及职业培训领域的合作协议》等。我国仅与其中小部分国家签订了相应的双边劳工协定或备忘录。目前，与我国签署双边协定的国家和地区共一百多个。“一带一路”沿线国家和地区中还有不到三十个国家未与我国签订双边劳务合作协议。而在已经签订的劳务合作协定或备忘录中亦存在覆盖范围狭窄，部分协定会对域外劳动者在当地从事行业加以限制，或者社会保险的参保仅局限于工伤保险，而不包含医疗保险等问题。

除我国与“一带一路”沿线国家签订的双边协定存在的问题，对于我国加入的国际多边合作条约，不少沿线国并没有加入其中。这对运用国际条

约保障劳动者权益存在不利影响。而“一带一路”沿线国没有批准加入国际条约，使得我国劳动者的权利保障诉求缺乏法律保护。

第二节 行政层面的成因分析

立法虽然能从根本上保护权益，但却不是直接的，因为“徒法不足以自行”。因此仅有立法保护是远远不够的，需要行政和司法的贯彻执行。其中，行政保护是较为直接的一种。本节即从行政角度（含外交保护与领事保护）对问题的成因进行分析。

一、外交保护与领事保护不足

外交保护是一国通过本国驻外国的外交机构对身处该国的本国公民的人身和财产权益的保护制度。该制度适用的前提条件是“用尽当地救济”，但如果出现突发情况，也可直接适用外交保护。如 2011 年利比亚发生大规模的抗议活动，当地警方与抗议者发生剧烈冲突。我国商务部、外交部等多个部门果断采取相应措施将利比亚境内的包括务工人员在内的三万多名我国公民撤回。外交保护虽然一定程度上可以保护海外劳动者的权益，但外交保护的适用不是基于个人的意愿、个人的权利，或是国家的义务，而是国家行使权力的表现，因此在表现形式上更多体现为各国的自由裁量。而且外交保护的行使受到法律、国际关系、政治等多方面的制约。除了外交保护，在外事层面上的保护是领事保护。领事保护是在东道国同意的限度内，我国的领事机构根据国家利益保护原则及对外政策，保护本国国民权益的行为。2015 年外交部发布的《中国领事保护和协助指南》中，就我国公民出国注意事项、领事保护的请求等作出较为详细的说明。2015

年外交部共妥善处置了近 8 万起领事保护与协助案件。仅就数据而言，领事保护在域外劳动者的保护上亦展现出了重要作用。2017 年 1 月 24 日，外交部领事司在其举办的媒体吹风会上曾透露，2016 年外交部所属我国驻外领事机构一共处置领事保护及协助处理 10 万多起海外劳务纠纷案件和海外劳动者权益受到侵害的案件。表 5-1 是 2013 年、2014 年和 2015 年领事保护与协助案件数量和发案率。①根据此态势的发展不难看出，目前我国居民出境所面临的海外风险形势依然不容乐观。

表 5-1 2013—2015 年我国领事保护与协助案件数量和发案率

年份	案件数量(万件)	发案率(%)
2013	4.17	4.25
2014	5.95	5.10
2015	8.67	6.78

领事保护的不足之处在于，对海外劳动者进行领事保护过程中，领事机构并不能介入到东道国的行政程序及司法程序中，解决问题的方式局限于建议，以及有限的监督，对于整个保护和救济的过程把握上不具有任何主动权。同时采用此方式亦容易让我国陷入主权冲突风险。且驻外领事机构的工作人员与大量案件相比较，驻外领事机构的力量相对不足。这也让此种方式无形中面临着巨大压力。

二、企业"走出去"中的劳动权益保障职能部门缺位

新中国建立后海外劳动者输出始于 1949 年对亚非拉区域的援助，主要通过承包工程来完成援助。具体形式是国内企业在获得项目后在国内

① 该表数据引自顾忠观、李怡:《"一带一路"背景下我国海外劳动者保护法律制度研究》,《兰州文理学院学报》2018 年第 9 期。

进行招聘并派出海外工作。1992年国务院决定由当时的“劳动部”介入域外劳工的输出管理。但在劳动部门内部，管理海外劳动者输出的机构亦在不断变化（部分原因是由于机构改革），如1998年前由培训就业司负责，后变为国际合作司负责，直至2002年后由国家劳动和社会保障部新成立的中国国际交流服务中心负责。这种变化也部分影响了行政机构对海外劳动者保护的力度。当前，从行政职能领域看，影响海外劳动者保护的问题主要有以下两个：

1. 授权模糊导致职能交叉，影响行政力量发挥

劳动力的海外输出涉及对方主体，主体间的特殊关系，以及复杂的涉外法律关系等，这些都决定了劳务输出管理部门的多重性和复杂性。要保护企业和劳动者多方利益，除了劳动部门外，商务部门、外交部门、公安部门、市场监管部门（原工商管理部门），以及海关等多个部门在我国海外企业、劳工保护、海外劳动纠纷处理上占据重要位置，发挥重要作用。为此，国家在《对外劳务合作管理条例》和《涉外劳务纠纷投诉举报处置办法》中对各个部门职责进行了授权和划分。但也出现了职能交叉、权责不清等问题，立法上即表现为措辞模糊，表述含糊等现象。如《对外劳务合作管理条例》条文中多次提到“商务主管部门”，国务院“有关部门及其他有关部门”的措辞。立法条文的模糊性表述可能导致出现问题时相互推诿、多头争管，但处理简单的情况。这对海外劳动者的权益保护不利。

2. 牵头主管部门模糊，影响合力形成

海外企业和劳工权益保护需要多个部门共同形成合力。目前从我国立法看，仍然以商务部门为主导，可能是出于对企业保护为主的考虑，这无可厚非。但现实中，商务部门对于专业性的劳动问题诸如工伤赔偿、劳动报酬以及社会保障等无法全面处理。而当前，我国主要负责海外劳动者权

益保护的机构包括外交部涉外安全事务司和中国领事保护中心，但其并不下设具体的海外劳动纠纷争议处理机构。这就容易使得我国的劳动者在海外的保护欠缺。一些海外劳动者输出大国，如菲律宾等，针对本国劳动者海外就业管理工作均交由专门的劳动就业部，并且在该部设立了海外就业管理局，具体从事本国劳动者的海外就业监管以及保障海外劳动者的权益事宜。这一点在不少国家亦是如此。因此，为加强海外劳动者权益保障，建议设立海外劳动者就业保障的专门执法部门及建立配套运行制度。

第三节 法律意识层面的成因分析

法律意识是一国的法律主体对于法律的认知、尊重，乃至信仰的总体概括。其包括尊法意识、守法意识、用法意识等。我国虽然已经建立起中国特色社会主义法律体系，[①]但不可否认的是，企业、公民的法律意识仍有待加强。而这种法律意识的不足，也是造成海外劳动者权利受侵害，难以得到救济的重要原因之一。本节对我国企业、员工等劳动法主体的法律意识层面原因进行分析。

企业“走出去”过程中应具备的法律意识可以分为法律风险防范意识、依法处理意识及合规意识。对于海外投资者而言，法律风险是由于投资者或海外务工人员不了解、不熟悉投资目的国（工作地国）的法律制度，从而导致的违法风险。法律风险防范意识，即在投资前或海外实体运营过程中，投资者有意识对可能面临的法律风险进行有针对性的评估与防范。一方面，

---

① 2011 年 3 月 10 日，全国人民代表大会常务委员会委员长吴邦国同志向十一届全国人民代表大会四次会议作全国人大常委会工作报告时庄严宣布，一个立足中国国情和实际、适应改革开放和社会主义现代化建设需要、集中体现党和人民意志的，以宪法为统帅，以宪法相关法、民商法，行政法，经济法等多个法律部门的法律为主干，由法律、行政法规、地方性法规与自治条例、单行条例等三个层次的法律规范构成的中国特色社会主义法律体系已经形成。

经过改革开放四十多年的洗礼,“依法治国”入宪,特别是党的十八届四中全会通过了《中共中央关于全面推进依法治国若干重大问题的决定》,我国大部分企业,尤其是国有企业和民营企业的法律风险防范意识有较大幅度的提升。但不得不承认的是,与外资企业相比,中资企业的法律风险防范意识仍显不足。另一方面,虽然我国企业在自身发展和管理方面已经具有一定的经验,劳动者的法律意识也随着受教育程度的提升不断提高,但是对于“走出去”而言,无论是企业还是劳动者都明显不够。一则,与西方成熟市场经济国家相比我国企业“走出去”为时尚短,各方面经验、知识都较为缺乏。本书前述的一些经典案例,不少都反映出这一问题。企业在国内经营,只需面对国内的法律和规范即可。一旦“走出去”,面对的是外国的法律和规范,则完全与国内不可同日而语。欧洲、日本、美国等发达国家对法律的执行力度较大,尤其是美国。美国不仅对其本国国内经营的外国企业具有较强的监管意识,更具有其他国家所不具有的,全球独一无二的“长臂管辖”体制。尽管这一体制饱受诟病,但美国依仗其强大的国力依然“我行我素”,汇丰银行等很多跨国企业均受过处罚。①二则,我国虽然已经建立起了中国特色社会主义市场经济体制,但不少企业经营管理者和劳动者从计划经济走过来,依然留有计划经济的一些残余意识,不能完全习惯于用市场思维解决纠纷和问题。

依法处理意识,一般是指企业或劳动者在海外遇到法律风险或具体的法律纠纷时,有意识地寻求合法的途径解决,而非一味寻求大使馆、领事馆的救助。但我国企业仍然存有传统思维,缺乏应有的依法处理纠纷的意识。其中一个较为明显的体现是企业或劳动者个人一旦遇到问题或纠纷,

---

① 有关美国出口管制及“长臂管辖”的内容,可参见徐姗姗、李磊:《对照美国出口管制体系,中国还有哪些完善空间?》,《财经》2019 年 6 月刊。

首先想到找本国政府，而非法院或律师，更鲜有企业会想到请外国律师解决问题。

合规意识则是一种更高层次的法律意识。合规主要是指企业在其经营过程中要力求主动符合其所在国的法律规定。合规一词，看似平常，对我国企业而言，却可能是较难达到的。很多情况下，企业在发展阶段，面对纷繁复杂的一国法律，可能会采取规避甚至不遵守的态度，以谋求更高的利润。这一点对于本国法律而言亦是如此，遑论对于外国法律了。但近年来，我国的企业大量“走出去”，合规风险凸显。企业为“不合规”付出了惨痛代价。为了尽力避免这类损失的再次发生，有必要增强合规意识，既要强化教育和培训，更要设立专门的法律合规部门，不断搜集投资目的国的法律规范信息，不断充实管理层的法律知识库，使得合规意识的增强不再是一句空话和套话，而是落在实处。

相比立法和行政方面的问题而言，法律意识的培育和铸就并非一日之功，而需要长期的培育和引导。对此，包括政府在内的全社会都有义务和责任。

第六章
“一带一路”倡议下我国企业“走出去”劳动法律问题的基本对策

第一节　解决我国企业“走出去”劳动法律问题的总体理念

从我国政府正式提出企业“走出去”战略，到“一带一路”倡议的发布与实施，标志着我国企业对外投资，开展海外业务的规模、质量，特别是推进模式的巨大进步。从另一个角度而言，更标志着我国已经从国家层面谋划中国企业“走出去”的整体战略，即从开始的单纯鼓励企业自发“走出去”，向整体规划、有步骤实施转变。当然，这种规划和实施是以市场为导向，尊重市场经济基本规则为前提的，也是以尊重投资目的国的主权和法律为基本原则的。在此前提下，企业“走出去”的劳动法律问题解决应有一统筹国际国内两个大局，全方位考虑的顶层设计框架。

一、站在构建人类命运共同体视野下勾画劳动法律问题国际化方案

党的十八大以来，习近平总书记在多种场合强调“构建人类命运共同体”，并推动构建人类命运共同体的合作实践取得巨大成效。“一带一路”

倡议即与“构建人类命运共同体”渊源很深。习近平总书记在第二届“一带一路”国际合作高峰论坛开幕式上的主旨演讲中强调:“我们将继续沿着中国特色社会主义道路大步向前,坚持全面深化改革,坚持高质量发展,坚持扩大对外开放,坚持走和平发展道路,推动构建人类命运共同体。”海外劳工的劳动法律问题既关乎每一个劳工的个人权利和每个企业的利益,又可能关涉国家之间、区域之间、国家与区域之间的关系。这种无法割断的关联源自当今全球经济一体化的基本格局和发展趋势。跨境劳动又是经济一体化所必不可少、无可回避的问题。

二、站在国家治理体系的角度完善我国海外劳动法律制度

国家治理体系作为治国理政的制度体系及其运转体系的总和,涵盖了一国全部制度。有学者将国家治理定义为:国家按照某种既定的秩序和目标,对全社会包括政治、经济、社会、文化、生态等进行有计划的控制、支配、引导、组织和协调的活动。①2019 年 11 月,习近平总书记在给中国法治国际论坛开幕式的贺信中指出,推动共建“一带一路”,需要法治进行保障。中国愿同各国一道,营造良好法治环境,构建公正、合理、透明的国际经贸规则体系,推动共建“一带一路”高质量发展,更好造福各国人民。希望大家围绕“深化中国法治国际合作,服务共建‘一带一路’”的主题,加强交流、增进共识,积极促进相关法律制度发展和完善,使法治在共建“一带一路”进程中更好发挥作用。这说明,围绕着“一带一路”倡议所构建的法律体系,包括海外劳动法律制度,也是我国国家治理体系的重要组成部分。党的十八届三中全会提出国家治理体系和治理能力的现代化。党的十九届

① 丁志刚:《如何理解国家治理与国家治理体系》,《学术界》2014 年第 2 期。

四中全会再次对这一问题进行讨论并形成决议，凸显了国家治理问题在党的工作中的重要性。海外劳动法律问题既关涉我国海外劳工权益，又与我国企业对外投资有密切关联。我们应站在国家治理体系角度加以关注，并对该制度加以完善。

三、站在企业治理和长远发展角度落实海外劳动法律政策

企业治理是一个企业得以生存发展的基本制度体系。企业作为国民经济的基本单位，其承担了很大部分的贯彻执行国家法律政策的角色。海外劳动法律政策一旦得到立法，则会落实到企业，要求企业进行认真学习，并加以贯彻。这既是企业守法的表现，也是企业长远发展所必需的，尤其是那些打算“走出去”的企业。

第二节　立法层面的基本对策

一、全面梳理与企业“走出去”密切相关的法律法规，努力形成相对系统的法律体系

有关企业“走出去”过程中的劳动者权利保护的具体规定，主要零散的规定在以上章节所述的行政法规及相关部委颁布的规章和文件中。事实上，在劳动保障法领域，法律规范一直存在所谓“碎片化”现象。部门规章法律位阶较低，且此类的规章中能直接用于海外劳动者保护的条文规范较为零散，不成体系，空白及衔接不力的情形多有发生，以致海外劳动者的权益难以得到有效保障。故而对我国现有的法律法规中涉及企业“走出去”的劳动者权益保护部分进行梳理尤为重要。

第一步，应从法律、法规、规章等各个层级的规定中摘选出具体的保护

条文规范，梳理出我国企业“走出去”劳动者劳动待遇、劳动保障、劳动报酬、劳动条件、争议解决、救济方式；再从管理层面就国内各部门行业对劳务合作的综合管理、行政管理、行业管理、境外领事保护和服务、财政扶持、统计制度、行业准入、经营资格，以及市场准入及管理规定进行梳理；以及于程序性规定层面就外派人员出国手续办理、申办签证、出国手续、合作项目审查、培训管理等方面的内容进行梳理；最后从对外劳务合作的经济活动层面以及法律保护层面进行全面的整合。

第二步，应从以上整合条件下梳理出我国法律体系中关于劳动待遇、劳动保障、劳动报酬、劳动条件等重要方面的空白与缺失。并根据梳理结果对已有的法律法规进行重新整合，从准入、合同签订、合同履行、争议解决、救济措施等方面进行系统性编撰。

第三步，应就存在的法律空白进行及时填补。尤其是《劳动法》作为我国法律体系中调整规范劳动法律关系的重要法律，在海外劳动者权利保护方面，应当有所体现。①立法部门可以从涉外劳动关系及劳动者保护的基本原则入手，明确涉外劳动关系及涉外劳动管辖的具体内涵与规范。再根据实际情况增加一些关于涉外劳动者权利保护的特别性、专门性规定，如涉外劳动关系的合同签订细则、涉外权利救济途径、海外劳动者的社会保障等内容。不可忽略的一环是把现行规范涉外劳动关系的一些低位阶、相冲突的行政法规和部门规章进行梳理和整合，使之与上位法一致，避免重复交叉规定及适用难。同时把握劳动法中各种规范的关系，有选择地考虑国际法上的劳动者权利保障标准，做到把劳动法作为国内法与外国法之间沟通交流的桥梁。

---

① 王辉：《我国海外劳工权益立法保护与国际协调机制研究》，《江苏社会科学》2016 年第 3 期。

最后，待条件成熟时，可以考虑制定专门性的《海外劳动者权利保障法》，将规范的中心置于劳动者权益的保护而非经济活动的调整。[①]该法应从宏观角度在立法宗旨、原则等方面对海外劳动者权益作专门性保护，微观上又同时呈现明确具体的条文规定；并且能整合协调好我国国内现行调整海外劳务的法律规定，参考吸纳国际法对劳动者权利保护的标准，由此梳理和构建出企业“走出去”劳动保障领域较为系统的法律体系。

二、修改细化部分法律规定，使之更具操作性

为了规范和加强我国对外劳务合作，我国出台了不少法规和规章，如国务院发布的规范对外劳务合作管理的《对外劳务合作管理条例》，专门规定对外劳务合作经营企业经营资格的《对外劳务合作经营资格管理办法》，防范和处置境外劳务事件的《关于处理境外劳务纠纷或突发事件有关问题的通知》等。从以上条例及相关规定上看，主要是围绕对外劳务合作的管理及建立境外劳务纠纷或突发事件处理机制，立足维护稳定和秩序，而非专门保障海外劳动者权益，其中内容更是缺乏对海外劳动者的劳动待遇、劳动条件、社会保险、劳动纠纷解决等核心问题的明确规定，也无法对海外劳动权益实施全面保护。如海外劳动的管理体制、海外劳动的政策支持、海外劳动法律关系的主体和内容、涉外劳动关系的法律适用、涉外劳动合同的订立及履行、涉外劳务履约保证金托管、境内外中介机构的管理和备用金制度、海外劳务突发事件的应急处理机制、海外劳务人员权益救济的途径及各方法律责任等。其中，最后两点尤为重要和急迫。

《劳动法》如需修改，需要整合涉外劳动关系的法律规范等内容。既要

① 陈贻灵：《我国海外劳动者权利保护的立法》，《法制与社会》2016 年第 26 期。

对我国已有规范涉外劳动关系分散的“条例”“办法”“规定”等层次低、内容冲突的行政法规和部门规章进行整合，也要把基本性的内容，如劳动法的域外效力、涉外劳动关系界定、涉外劳动关系管辖等通过《劳动法》的修改予以明确。同时在修改时还需协调处理好劳动法中强制性规范、任意性规范以及与国际劳工标准及双边劳务协定的关系，把握好不同层面之间的融合。

第三节 行政执法层面的基本对策

一、设立专门部门处理相关政策执行问题

在我国众多海外劳动者权益维权行动中，大多是我国外交部门牵头、商务部门和地方政府有关部门及经营企业跟进，不少已经延伸到解决劳务纠纷。这种现象反映出我国海外劳动者权益保护的思路，重视外交和领事保护，但寻求国内法的保护则并不积极。外交和领事在海外劳动者权益保护上具有快捷、方便、可靠的优势，能帮助解决问题，但其并不是最为根本的解决方法，而且也可能缺乏法治基础。

在国内依据国内法设立海外劳动者权益保护机构，就是将涉及海外劳动者权益保护的劳动管理部门、教育培训机构、公安部门和出入境、商务部门、外交部门等相关机构综合起来，在各部门之间各自负责某个环节的同时，彼此之间可以沟通顺畅，减少管理上存在的分歧和冲突。①这一机构可以是专门的常设机构，亦可以在条件不成熟时先建立多元主体参与的国内协调机制，对涉及海外劳动者的选拔、培训、输出、就业以及回国安置等一

---

① 钟贻云：《我国海外劳工权益保护研究》，《开封教育学院学报》2018 年第 5 期。

系列环节进行讨论协调，以保证资源的综合利用，提高效率，更利于保护海外劳动者的权益，避免各部门之间出现扯皮和推诿等，也可以加强各部门之间的交流与合作。[①]该机构可以下设专门的就业信息收集和发布部门，主要负责收集海外劳动者所在国的具体情况以及海外就业市场的信息，将得到的消息通过各种平台及时汇总发布，让大家了解海外劳动者的工作状态，也让海外劳动者能够及时对形势进行预判，并为劳动保障部门制定保护预案提供可靠的信息支持。

二、强化企业对外劳务输出的主体责任，对不负责任的企业加大处罚力度[②]

在侵犯我国海外劳动者权益的主体中，一个重要的源头是不具有商务部颁发的对外劳务合作经营资格证书和对外承包工程经营资格证书的违法违规经营者，以劳务输出为幌子非法敛财，造成大量出国务工人员被骗，有的甚至滞留国外，境遇很差。对于此类的企业应当加强惩处力度以规范。

另一个源头即为我国企业在劳动用工过程中的违法行为，如欠薪、超时加班、居住环境恶劣等。对此对外输出劳工的企业应当担起应有的主体责任。企业社会责任其核心内容是道德(《联合国人权宣言》以及相关公约所确认的人类道德准则)、劳工标准(国际劳工组织确定的八项核心劳工公约)、职业安全健康(国际劳工组织、各国政府和行业组织所公认的准则)、环境影响(联合国和各国政府所制定的环境保护标准)、社区关系(培养潜在消费者和减少社会与法律风险)等，在企业“走出去”的劳务输出环节应

---

①② 李怡:《我国海外劳工权益保护法律制度研究》，烟台大学硕士学位论文 2018 年。

当主动在劳动者签订合同、合同条件、就业条件、就业风险等多角度为劳动者进行考虑。[①]这样，一方面可以保障海外劳动者权益，降低域外工作过程中产生的人身损害及财产损害，减少劳动法律纠纷，另一方面亦可以树立我国良好的企业社会责任形象，为扩大企业"走出去"市场尽一份力。

此外，我国劳务输出企业一定要及时留意海外用人企业所在国对于外籍劳务的职业限制规定，而且这些政策均有可能会随时作出调整。劳务输出企业在输出劳务的过程中要密切关注当地国家的政策动向，适时作出劳工选用的合理计划，以适应当地法律、政策的要求。有关部门在执法中，亦应强化企业对外劳务输出的主体责任，对不负责任的企业予以综合处理。

第四节 对外交往层面的基本对策

一、积极签订劳动保障双边或多边协议，在互利共赢的基础上进一步扩大我国海外劳动者的权利保障程度

从外交层面上，应积极参与国际间劳务合作，在当前态势下，尤其注重与"一带一路"沿线国家签订劳动保障双边或多边协议，在促进开展国际间劳动合作的同时，积极保障我国在外劳动者的合法权益，同时继续加强与国际劳动组织的深度合作。2018 年国家人力资源和社会保障部与国际劳工组织共同签署了关于"全球供应链中体面劳动"合作备忘录，[②]该备忘录是在《关于多国企业和社会政策的三方原则宣言》作为指导性文件的前提下签署的。有关政府部门应以此为契机，共同推进寻找和建立更多的劳动

---

① 花勇:《"一带一路"建设中海外劳工权益的法律保护》,《云南社会主义学院学报》2016 年第 2 期。

② 国际劳动组织和中国签署"全球供应链中体面劳动"合作备忘录，载国际劳工组织网 http://www.ilo.org/beijing/information-resources/public-information/press-releases/WCMS_630882/lang-zh/index.htm，2019 年 5 月 25 日。

合作伙伴，加强互通对话，并推进劳动保障协议的签署落实。

在完善我国劳动与社会保障国际合作内容方面，从目前我国政府与各国的社会保障协定来看，我们还有很多方面需要改进。如需要克服险种单一、覆盖面小的问题，同时也要做好境内外劳动保障衔接的问题，落实好海外劳动者社会权益的保障工作，满足海外劳动者的基本社会保险等方面的需求。在“一带一路”建设过程中，社会保障协议的谈判是一个艰难的过程，需要“一带一路”沿线国家间就这一问题上通过不断协商达成共识。同时考虑不同国家的规模、制度、宗教和文化差异，克服多方阻力，达成一致。与发达国家相比，我国社会保障国际合作起步较晚，因此更要抓住“一带一路”发展的契机，与沿线国家做好社会保障协议签署工作，真正做到保障海外劳动者社会保险切身利益，为妥善解决国内企业“走出去”的劳动保障法律问题，创造更好的国际环境。

二、积极履行外交(领事)保护，在合法合理的范畴内提升我国在外劳工的保护水平

由于“一带一路”沿线国家国情相异，有些地区政治或其他方面原因，可能造成海外劳动者合法权益遭到侵害。此时我国驻当地使领馆可以积极协助受害劳动者利用当地的行政或司法救济途径处理其遭受的不法侵害，当用尽各种救济手段却又不能有效保护权益，或当地行政或司法救济怠于保护或失效时，应积极通过外交手段，为在外劳动者、在外企业提供合法合理的外交保护。①

在沿线国家发生重大热点问题后，我国驻外使领馆应主动在使领馆网

① 王辉:《我国海外劳工权益立法保护与国际协调机制研究》,《江苏社会科学》2016 年第 3 期。

站上发布重要提示信息，主动联系并告知驻地企业，在遭受到更大侵害前妥善控制事情的发展，避免更大的损失发生。在侵害发生后，积极与当地政府沟通，坚持从事情本身的是非曲直出发，坚持保护劳动者的合法利益，在不干涉当地内政、尊重国家主权与平等的前提下处理问题。

第五节 法律宣传教育层面的基本对策

一、加强企业法律培训

加强对企业涉外法律意识的培养应落到实处。企业经营管理人员应转变观念，坚持法治思维，坚持问题导向，在事前和事中下功夫，依法治理企业，依法保障派驻海外劳动者的合法权益。在境外的企业不能依靠境内的经验治理，也不能直接照搬境内的用工结构，而应主动地了解实际用工地区的劳动保障法律法规，主动制定好劳动人事管理制度，避免事后的被动救济。再大再强的企业在海外也要防范法律风险（事实上，发生重大海外法律风险的企业都是我国的大企业）。企业家要主动地了解法律，咨询境内境外的主管部门，向境内境外的律师求教或咨询。

在海外的劳动者也要加强法律意识，了解自己的劳动形式，了解自己的社会保险情况，在境外用工是否有相应的证照和许可，在境外劳动是否合法、合规；要向企业、律师多了解、多询问、多讨教，主动关注自己的各种证照期限，更安全、可靠地获取劳动收益。

二、加大对企业的政策宣传力度

企业“走出去”过程中，除了可以适用我国常规的一些法律政策外，还可以利用的政策包括国际条约和国内关于“一带一路”的各项特殊政策。

就国际条约方面，我国已签订了一些双边或多边劳动保障协定，是做好劳动者的社会保障不可或缺的一环。有关部门应加大政策的宣传力度，充分利用互联网等新型社交媒体手段进行宣传，与境外企业保持定期联络，定期组织新政资讯推送，让企业都能享受到国际条约带来的优势，享受国内鼓励政策的优惠。

三、加强对企业进行投资目的国的劳动法律制度的培训

“一带一路”沿线国家劳动法律制度各不相同，在企业“走出去”前，有关部门就可以在登记备案时就拟投资目的地向该企业印发当地劳动法律制度的宣传手册，同时可以向企业开办就特定地区的劳动法律制度的集中培训。一方面在企业“走出去”之前就做好劳动制度培训工作，另一方面在企业“走出去”后，建立有效常态的通讯网络，实时更新目的国的劳动法律更新情况，保障“一带一路”沿线“走出去”企业的正常运作。

四、协助企业完善内部合规体系

企业内部管理体系不仅需要建立在境内外法律法规的基础上，还要根据当地的风俗习惯、社会风气等各方面的因素综合考量。在劳动保障法律问题上，应制定匹配境外企业能够同步管理外籍和外派员工的合规管理制度。[①]2018 年国家发改委印发的《企业境外经营合规管理指引》中鼓励企业掌握境外日常经营中的合规要求，特别是劳工权利保护、数据隐私保护等各方各面的具体要求。

就劳动保障法律问题上，可以包括以下几个方面：

---

① 林晓虹：《中国企业“走出去”需增强合规意识》，《国际经济合作》2012 年第 10 期。

（1）厘清企业具体的用工模式，根据境外用工方式结合境内外法律法规制定合规制度。合理区分劳动用工、劳务用工、业务外包等用工形态的政策背景和三者之间的差异。在境外开展与境外人员相关合作时，更要注重管理方式方法，避免因被认定为劳动关系而产生不必要的损失，也避免因在境外用工时违反当地的强制性劳动规范而受到处罚和损失。

（2）建立独立而有效的管理机制。境外企业的管理机制应区别于境内，并且避免在境外管理上被认定为歧视、违背风俗习惯的风险，避免区别对待境外的中方人员和外方人员，在管理上应特别注意当地风俗习惯所涉及的一些强行规范，如宗教活动、餐饮习惯等。①

（3）建立境外社会保险的管理制度。②社会保险是劳动人员的最基本保障制度，在中方人员外派境外时，更要注重该人员的社会保险缴纳方式，避免出现劳动人员出现损害时没有适当的保障而造成更严重的后果。在境内境外分阶段缴纳社会保险时，也要注意不同的责任承担主体，做好风险隔离工作。

（4）建立有效的外派人员内部合规制度，尤其在外派人员的管理上要注意做好商业贿赂的禁止性规范。商业贿赂不仅违反境内规定，亦可能会违反用工地区的法律法规，还应加强对员工的素质教育和业务培训。此外，由于外派人员的用工成本一般大于境内人员的用工成本，培养人员的成本更是不小的开支，为了避免产生不必要的人员流失，企业不仅要做好境外人员的福利待遇设计，③也要做好相应的培训违约制度管理，从正反两个方面入手，加强海外劳动者的稳定性，使其为企业创造更大的价值。

---

① 常浩：《中国企业“走出去”，面临“用工”挑战》，《中国投资》2017 年第 19 期。
② 王祥军、范蓉蓉：《海外劳工权益保障困境及对策研究》，《湖北警官学院学报》2018 年第 2 期。
③ 廖建彬：《中国企业“走出去”的人力资源管理策略》，《人力资源管理》2013 年第 2 期。

余　论
中国企业“走出去”与劳动法律合规

2019年以来，国内企业，尤其是国有企业纷纷将“合规”这一过去并不十分强调的话题放到了经营管理的显著位置。显然“合规经营”将是未来中国企业必须充分关注和施行的重要内容。这一方面与国际经贸形势的变化——美国作为西方最主要的发达国家回归单边主义和贸易保护主义，并将主要贸易伙伴中国视为战略竞争对手，通过各种途径限制甚至打压中国企业；另一方面，中国企业经过多年的发展，经济实力有了长足进步，客观上也有了“合规”经营的需要——毕竟合规经营是全世界同行的经营法则。然而，什么是合规？合规工作是否就是企业法务工作？这可能是首先要回答的。“合规”作为一个舶来品，其本质上是企业内部管理的一个重要方面，即要求企业在运营过程中遵守驻在国当地的法律法规和政策，而且还要遵守相应的国际法规则。比如在中国国内经营的欧洲企业，除了要遵守中国法律外，还要遵守欧盟的相关法律法规。可以说，合规工作与法务工作是企业法律工作的两个方面：法务工作是纠纷发生之后协助企业维权，合规则是为企业自身设定了经营的规则和义务。如果将传统法务工作比作“水来土掩”的被动防御，那么法律合规工作就是修建水利工程，做到事前预防风险。虽然该工作投入大，但却可以主动调节水量，从而实现提前介入，风险防控，还可以实现额外的效益。

企业合规的内容较为丰富，可能包括投资准入、价格垄断、公司治理、环境保护、税务、招投标、知识产权等。而其中劳动用工合规是既容易被忽视，又十分重要的方面。如果说过去企业人力资源部门和法务部门在劳动用工法律方面，主要是以应付各种劳动纠纷为主，那么劳动法律合规工作则是一种未雨绸缪，事先在企业内部管理中要求从招聘到解除合同各环节均实现完全的合法合规经营。如在招聘过程中人力资源部门可能因为招聘广告涉嫌性别歧视被诉诸法庭，引发官司。此时，如果公司想尽办法前去应诉，则这是典型的法务思维。但如果法务部门或者合规部门能够在企业人力资源部门发布招聘广告之前就提前介入，将涉及歧视的因素去除，从而避免了官司，这就属于合规的范畴了。显然，合规工作要求企业管理者能把国家的法律和政策(包括地方政策)置于企业管理的重要位置，并以此为标准规范自己的企业管理。企业劳动保障方面的合规工作除了上述招聘环节中的防止歧视风险外，可能还有试用期环节、劳动合同履行环节、劳动合同解除和补偿环节等各方面的风险防范。如果做到了上述环节的合规，那么企业面临的劳动保障法律风险将会大大降低。而作为一家“走出去”的企业，其合规工作不仅是基于国内法，更重要的是要考虑驻在国的劳动保障法律规范。

如果说企业法务工作是企业运行中法律风险抵御的1.0版，那么企业合规工作就是2.0版。因为，企业合规工作显然比传统的法务工作要求更高，收效也更大。中国企业“走出去”过程中，应当将合规工作作为自己的主要工作内容。就劳动法而言，应当提前了解驻在国法律规范，尤其是要找到优质的律师事务所，让其提供服务。虽然可能价格不菲，但其效益肯定是巨大的。西方发达国家的企业进入中国前，了解当地法律，并深入研究，确保投资实体合规经营，是其必须的工作。这一点，我国企业应该认真加以学习，从而获得相关经验，切实防范投资运营过程中的风险。

从劳动保障法务工作到劳动保障合规工作，是我国企业“走出去”过程中必须跨越的一步，也是企业在劳动保障法律方面尽量减少风险，防控风险的关键一步。

附　录

中华人民共和国对外贸易法

（1994 年 5 月 12 日第八届全国人民代表大会常务委员会第七次会议通过，2004 年 4 月 6 日第十届全国人民代表大会常务委员会第八次会议修订。）

第一章　总则

第一条　为了扩大对外开放，发展对外贸易，维护对外贸易秩序，保护对外贸易经营者的合法权益，促进社会主义市场经济的健康发展，制定本法。

第二条　本法适用于对外贸易以及与对外贸易有关的知识产权保护。

本法所称对外贸易，是指货物进出口、技术进出口和国际服务贸易。

第三条　国务院对外贸易主管部门依照本法主管全国对外贸易工作。

第四条　国家实行统一的对外贸易制度，鼓励发展对外贸易，维护公平、自由的对外贸易秩序。

第五条　中华人民共和国根据平等互利的原则，促进和发展同其他国家和地区的贸易关系，缔结或者参加关税同盟协定、自由贸易区协定等区域经济贸易协定,参加区域经济组织。

第六条 中华人民共和国在对外贸易方面根据所缔结或者参加的国际条约、协定,给予其他缔约方、参加方最惠国待遇、国民待遇等待遇,或者根据互惠、对等原则给予对方最惠国待遇、国民待遇等待遇。

第七条 任何国家或者地区在贸易方面对中华人民共和国采取歧视性的禁止、限制或者其他类似措施的,中华人民共和国可以根据实际情况对该国家或者该地区采取相应的措施。

第二章 对外贸易经营者

第八条 本法所称对外贸易经营者,是指依法办理工商登记或者其他执业手续,依照本法和其他有关法律、行政法规的规定从事对外贸易经营活动的法人、其他组织或者个人。

第九条 从事货物进出口或者技术进出口的对外贸易经营者,应当向国务院对外贸易主管部门或者其委托的机构办理备案登记;但是,法律、行政法规和国务院对外贸易主管部门规定不需要备案登记的除外。备案登记的具体办法由国务院对外贸易主管部门规定。对外贸易经营者未按照规定办理备案登记的,海关不予办理进出口货物的报关验放手续。

第十条 从事国际服务贸易,应当遵守本法和其他有关法律、行政法规的规定。

从事对外工程承包或者对外劳务合作的单位,应当具备相应的资质或者资格。具体办法由国务院规定。

第十一条 国家可以对部分货物的进出口实行国营贸易管理。实行国营贸易管理货物的进出口业务只能由经授权的企业经营;但是,国家允许部分数量的国营贸易管理货物的进出口业务由非授权企业经营的除外。

实行国营贸易管理的货物和经授权经营企业的目录，由国务院对外贸易主管部门会同国务院其他有关部门确定、调整并公布。

违反本条第一款规定，擅自进出口实行国营贸易管理的货物的，海关不予放行。

第十二条 对外贸易经营者可以接受他人的委托，在经营范围内代为办理对外贸易业务。

第十三条 对外贸易经营者应当按照国务院对外贸易主管部门或者国务院其他有关部门依法作出的规定，向有关部门提交与其对外贸易经营活动有关的文件及资料。有关部门应当为提供者保守商业秘密。

第三章 货物进出口与技术进出口

第十四条 国家准许货物与技术的自由进出口。但是，法律、行政法规另有规定的除外。

第十五条 国务院对外贸易主管部门基于监测进出口情况的需要，可以对部分自由进出口的货物实行进出口自动许可并公布其目录。

实行自动许可的进出口货物，收货人、发货人在办理海关报关手续前提出自动许可申请的，国务院对外贸易主管部门或者其委托的机构应当予以许可；未办理自动许可手续的，海关不予放行。

进出口属于自由进出口的技术，应当向国务院对外贸易主管部门或者其委托的机构办理合同备案登记。

第十六条 国家基于下列原因，可以限制或者禁止有关货物、技术的进口或者出口：

（一）为维护国家安全、社会公共利益或者公共道德，需要限制或者禁止进口或者出口的；

（二）为保护人的健康或者安全，保护动物、植物的生命或者健康，保护环境，需要限制或者禁止进口或者出口的；

（三）为实施与黄金或者白银进出口有关的措施，需要限制或者禁止进口或者出口的；

（四）国内供应短缺或者为有效保护可能用竭的自然资源，需要限制或者禁止出口的；

（五）输往国家或者地区的市场容量有限，需要限制出口的；

（六）出口经营秩序出现严重混乱，需要限制出口的；

（七）为建立或者加快建立国内特定产业，需要限制进口的；

（八）对任何形式的农业、牧业、渔业产品有必要限制进口的；

（九）为保障国家国际金融地位和国际收支平衡，需要限制进口的；

（十）依照法律、行政法规的规定，其他需要限制或者禁止进口或者出口的；

（十一）根据我国缔结或者参加的国际条约、协定的规定，其他需要限制或者禁止进口或者出口的。

第十七条　国家对与裂变、聚变物质或者衍生此类物质的物质有关的货物、技术进出口，以及与武器、弹药或者其他军用物资有关的进出口，可以采取任何必要的措施，维护国家安全。

在战时或者为维护国际和平与安全，国家在货物、技术进出口方面可以采取任何必要的措施。

第十八条　国务院对外贸易主管部门会同国务院其他有关部门，依照本法第十六条和第十七条的规定，制定、调整并公布限制或者禁止进出口的货物、技术目录。

国务院对外贸易主管部门或者由其会同国务院其他有关部门，经国务院批准，可以在本法第十六条和第十七条规定的范围内，临时决定限制或者禁止前款规定目录以外的特定货物、技术的进口或者出口。

第十九条　国家对限制进口或者出口的货物，实行配额、许可证等方式管理；对限制进口或者出口的技术，实行许可证管理。

实行配额、许可证管理的货物、技术，应当按照国务院规定经国务院对外贸易主管部门或者经其会同国务院其他有关部门许可，方可进口或者出口。

国家对部分进口货物可以实行关税配额管理。

第二十条　进出口货物配额、关税配额，由国务院对外贸易主管部门或者国务院其他有关部门在各自的职责范围内，按照公开、公平、公正和效益的原则进行分配。具体办法由国务院规定。

第二十一条　国家实行统一的商品合格评定制度，根据有关法律、行政法规的规定，对进出口商品进行认证、检验、检疫。

第二十二条　国家对进出口货物进行原产地管理。具体办法由国务院规定。

第二十三条　对文物和野生动物、植物及其产品等，其他法律、行政法规有禁止或者限制进出口规定的，依照有关法律、行政法规的规定执行。

第四章　国际服务贸易

第二十四条　中华人民共和国在国际服务贸易方面根据所缔结或者参加的国际条约、协定中所作的承诺，给予其他缔约方、参加方市场准入和国民待遇。

第二十五条　国务院对外贸易主管部门和国务院其他有关部门，依照本法和其他有关法律、行政法规的规定，对国际服务贸易进行管理。

第二十六条　国家基于下列原因，可以限制或者禁止有关的国际服务贸易：

（一）为维护国家安全、社会公共利益或者公共道德，需要限制或者禁止的；

（二）为保护人的健康或者安全，保护动物、植物的生命或者健康，保护环境，需要限制或者禁止的；

（三）为建立或者加快建立国内特定服务产业，需要限制的；

（四）为保障国家外汇收支平衡，需要限制的；

（五）依照法律、行政法规的规定，其他需要限制或者禁止的；

（六）根据我国缔结或者参加的国际条约、协定的规定，其他需要限制或者禁止的。

第二十七条　国家对与军事有关的国际服务贸易，以及与裂变、聚变物质或者衍生此类物质的物质有关的国际服务贸易，可以采取任何必要的措施，维护国家安全。

在战时或者为维护国际和平与安全，国家在国际服务贸易方面可以采取任何必要的措施。

第二十八条　国务院对外贸易主管部门会同国务院其他有关部门，依照本法第二十六条、第二十七条和其他有关法律、行政法规的规定，制定、调整并公布国际服务贸易市场准入目录。

第五章　与对外贸易有关的知识产权保护

第二十九条　国家依照有关知识产权的法律、行政法规，保护与对外贸易有关的知识产权。

进口货物侵犯知识产权，并危害对外贸易秩序的，国务院对外贸易主管部门可以采取在一定期限内禁止侵权人生产、销售的有关货物进口等措施。

第三十条　知识产权权利人有阻止被许可人对许可合同中的知识产权的有效性提出质疑、进行强制性一揽子许可、在许可合同中规定排他性返授条件等行为之一，并危害对外贸易公平竞争秩序的，国务院对外贸易主管部门可以采取必要的措施消除危害。

第三十一条　其他国家或者地区在知识产权保护方面未给予中华人民共和国的法人、其他组织或者个人国民待遇，或者不能对来源于中华人民共和国的货物、技术或者服务提供充分有效的知识产权保护的，国务院对外贸易主管部门可以依照本法和其他有关法律、行政法规的规定，并根据中华人民共和国缔结或者参加的国际条约、协定，对与该国家或者该地区的贸易采取必要的措施。

第六章　对外贸易秩序

第三十二条　在对外贸易经营活动中，不得违反有关反垄断的法律、行政法规的规定实施垄断行为。

在对外贸易经营活动中实施垄断行为，危害市场公平竞争的，依照有关反垄断的法律、行政法规的规定处理。有前款违法行为，并危害对外贸易秩序的，国务院对外贸易主管部门可以采取必要的措施消除危害。

第三十三条　在对外贸易经营活动中，不得实施以不正当的低价销售商品、串通投标、发布虚假广告、进行商业贿赂等不正当竞争行为。

在对外贸易经营活动中实施不正当竞争行为的，依照有关反不正当竞争的法律、行政法规的规定处理。

有前款违法行为，并危害对外贸易秩序的，国务院对外贸易主管部门可以采取禁止该经营者有关货物、技术进出口等措施消除危害。

第三十四条　在对外贸易活动中，不得有下列行为：

（一）伪造、变造进出口货物原产地标记，伪造、变造或者买卖进出口货物原产地证书、进出口许可证、进出口配额证明或者其他进出口证明文件；

（二）骗取出口退税；

（三）走私；

（四）逃避法律、行政法规规定的认证、检验、检疫；

（五）违反法律、行政法规规定的其他行为。

第三十五条　对外贸易经营者在对外贸易经营活动中，应当遵守国家有关外汇管理的规定。

第三十六条　违反本法规定，危害对外贸易秩序的，国务院对外贸易主管部门可以向社会公告。

第七章　对外贸易调查

第三十七条　为了维护对外贸易秩序，国务院对外贸易主管部门可以自行或者会同国务院其他有关部门，依照法律、行政法规的规定对下列事项进行调查：

（一）货物进出口、技术进出口、国际服务贸易对国内产业及其竞争力的影响；

（二）有关国家或者地区的贸易壁垒；

（三）为确定是否应当依法采取反倾销、反补贴或者保障措施等对外贸易救济措施，需要调查的事项；

（四）规避对外贸易救济措施的行为；

（五）对外贸易中有关国家安全利益的事项；

（六）为执行本法第七条、第二十九条第二款、第三十条、第三十一条、第三十二条第三款、第三十三条第三款的规定，需要调查的事项；

（七）其他影响对外贸易秩序，需要调查的事项。

第三十八条　启动对外贸易调查，由国务院对外贸易主管部门发布公告。

调查可以采取书面问卷、召开听证会、实地调查、委托调查等方式进行。

国务院对外贸易主管部门根据调查结果，提出调查报告或者作出处理裁定，并发布公告。

第三十九条　有关单位和个人应当对对外贸易调查给予配合、协助。

国务院对外贸易主管部门和国务院其他有关部门及其工作人员进行对外贸易调查，对知悉的国家秘密和商业秘密负有保密义务。

第八章　对外贸易救济

第四十条　国家根据对外贸易调查结果，可以采取适当的对外贸易救济措施。

第四十一条　其他国家或者地区的产品以低于正常价值的倾销方式进入我国市场，对已建立的国内产业造成实质损害或者产生实质损害威胁，或者对建立国内产业造成实质阻碍的，国家可以采取反倾销措施，消除或者减轻这种损害或者损害的威胁或者阻碍。

第四十二条　其他国家或者地区的产品以低于正常价值出口至第三国市场，对我国已建立的国内产业造成实质损害或者产生实质损害威胁，或者对我国建立国内产业造成实质阻碍的，应国内产业的申请，国务院对外贸易主管部门可以与该第三国政府进行磋商，要求其采取适当的措施。

第四十三条 进口的产品直接或者间接地接受出口国家或者地区给予的任何形式的专向性补贴，对已建立的国内产业造成实质损害或者产生实质损害威胁，或者对建立国内产业造成实质阻碍的，国家可以采取反补贴措施，消除或者减轻这种损害或者损害的威胁或者阻碍。

第四十四条 因进口产品数量大量增加，对生产同类产品或者与其直接竞争的产品的国内产业造成严重损害或者严重损害威胁的，国家可以采取必要的保障措施，消除或者减轻这种损害或者损害的威胁，并可以对该产业提供必要的支持。

第四十五条 因其他国家或者地区的服务提供者向我国提供的服务增加，对提供同类服务或者与其直接竞争的服务的国内产业造成损害或者产生损害威胁的，国家可以采取必要的救济措施，消除或者减轻这种损害或者损害的威胁。

第四十六条 因第三国限制进口而导致某种产品进入我国市场的数量大量增加，对已建立的国内产业造成损害或者产生损害威胁，或者对建立国内产业造成阻碍的，国家可以采取必要的救济措施，限制该产品进口。

第四十七条 与中华人民共和国缔结或者共同参加经济贸易条约、协定的国家或者地区，违反条约、协定的规定，使中华人民共和国根据该条约、协定享有的利益丧失或者受损，或者阻碍条约、协定目标实现的，中华人民共和国政府有权要求有关国家或者地区政府采取适当的补救措施，并可以根据有关条约、协定中止或者终止履行相关义务。

第四十八条 国务院对外贸易主管部门依照本法和其他有关法律的规定，进行对外贸易的双边或者多边磋商、谈判和争端的解决。

第四十九条 国务院对外贸易主管部门和国务院其他有关部门应当建立货物进出口、技术进出口和国际服务贸易的预警应急机制，应对对外贸易中的突发和异常情况，维护国家经济安全。

第五十条　国家对规避本法规定的对外贸易救济措施的行为，可以采取必要的反规避措施。

第九章　对外贸易促进

第五十一条　国家制定对外贸易发展战略，建立和完善对外贸易促进机制。

第五十二条　国家根据对外贸易发展的需要，建立和完善为对外贸易服务的金融机构，设立对外贸易发展基金、风险基金。

第五十三条　国家通过进出口信贷、出口信用保险、出口退税及其他促进对外贸易的方式，发展对外贸易。

第五十四条　国家建立对外贸易公共信息服务体系，向对外贸易经营者和其他社会公众提供信息服务。

第五十五条　国家采取措施鼓励对外贸易经营者开拓国际市场，采取对外投资、对外工程承包和对外劳务合作等多种形式，发展对外贸易。

第五十六条　对外贸易经营者可以依法成立和参加有关协会、商会。

有关协会、商会应当遵守法律、行政法规，按照章程对其成员提供与对外贸易有关的生产、营销、信息、培训等方面的服务，发挥协调和自律作用，依法提出有关对外贸易救济措施的申请，维护成员和行业的利益，向政府有关部门反映成员有关对外贸易的建议，开展对外贸易促进活动。

第五十七条　中国国际贸易促进组织按照章程开展对外联系，举办展览，提供信息、咨询服务和其他对外贸易促进活动。

第五十八条　国家扶持和促进中小企业开展对外贸易。

第五十九条　国家扶持和促进民族自治地方和经济不发达地区发展

对外贸易。

第十章　法律责任

第六十条　违反本法第十一条规定，未经授权擅自进出口实行国营贸易管理的货物的，国务院对外贸易主管部门或者国务院其他有关部门可以处五万元以下罚款；情节严重的，可以自行政处罚决定生效之日起三年内，不受理违法行为人从事国营贸易管理货物进出口业务的申请，或者撤销已给予其从事其他国营贸易管理货物进出口的授权。

第六十一条　进出口属于禁止进出口的货物的，或者未经许可擅自进出口属于限制进出口的货物的，由海关依照有关法律、行政法规的规定处理、处罚；构成犯罪的，依法追究刑事责任。

进出口属于禁止进出口的技术的，或者未经许可擅自进出口属于限制进出口的技术的，依照有关法律、行政法规的规定处理、处罚；法律、行政法规没有规定的，由国务院对外贸易主管部门责令改正，没收违法所得，并处违法所得一倍以上五倍以下罚款，没有违法所得或者违法所得不足一万元的，处一万元以上五万元以下罚款；构成犯罪的，依法追究刑事责任。

自前两款规定的行政处罚决定生效之日或者刑事处罚判决生效之日起，国务院对外贸易主管部门或者国务院其他有关部门可以在三年内不受理违法行为人提出的进出口配额或者许可证的申请，或者禁止违法行为人在一年以上三年以下的期限内从事有关货物或者技术的进出口经营活动。

第六十二条　从事属于禁止的国际服务贸易的，或者未经许可擅自从事属于限制的国际服务贸易的，依照有关法律、行政法规的规定处罚；法律、行政法规没有规定的，由国务院对外贸易主管部门责令改正，没收违法所得，并处违法所得一倍以上五倍以下罚款，没有违法所得或者违法所得不足一万元的，处一万元以上五万元以下罚款；构成犯罪的，依法追究刑事责任。

国务院对外贸易主管部门可以禁止违法行为人自前款规定的行政处罚决定生效之日或者刑事处罚判决生效之日起一年以上三年以下的期限内从事有关的国际服务贸易经营活动。

第六十三条 违反本法第三十四条规定，依照有关法律、行政法规的规定处罚；构成犯罪的，依法追究刑事责任。

国务院对外贸易主管部门可以禁止违法行为人自前款规定的行政处罚决定生效之日或者刑事处罚判决生效之日起一年以上三年以下的期限内从事有关的对外贸易经营活动。

第六十四条 依照本法第六十一条至第六十三条规定被禁止从事有关对外贸易经营活动的，在禁止期限内，海关根据国务院对外贸易主管部门依法作出的禁止决定，对该对外贸易经营者的有关进出口货物不予办理报关验放手续，外汇管理部门或者外汇指定银行不予办理有关结汇、售汇手续。

第六十五条 依照本法负责对外贸易管理工作的部门的工作人员玩忽职守、徇私舞弊或者滥用职权，构成犯罪的，依法追究刑事责任；尚不构成犯罪的，依法给予行政处分。

依照本法负责对外贸易管理工作的部门的工作人员利用职务上的便利，索取他人财物，或者非法收受他人财物为他人谋取利益，构成犯罪的，依法追究刑事责任；尚不构成犯罪的，依法给予行政处分。

第六十六条 对外贸易经营活动当事人对依照本法负责对外贸易管理工作的部门作出的具体行政行为不服的，可以依法申请行政复议或者向人民法院提起行政诉讼。

第十一章　附则

第六十七条　与军品、裂变和聚变物质或者衍生此类物质的物质有关的对外贸易管理以及文化产品的进出口管理，法律、行政法规另有规定的，依照其规定。

第六十八条　国家对边境地区与接壤国家边境地区之间的贸易以及边民互市贸易，采取灵活措施，给予优惠和便利。具体办法由国务院规定。

第六十九条　中华人民共和国的单独关税区不适用本法。

第七十条　本法自2004年7月1日起施行。

国务院对外劳务合作管理条例

第一章　总则

第一条　为了规范对外劳务合作，保障劳务人员的合法权益，促进对外劳务合作健康发展，制定本条例。

第二条　本条例所称对外劳务合作，是指组织劳务人员赴其他国家或者地区为国外的企业或者机构（以下统称国外雇主）工作的经营性活动。

国外的企业、机构或者个人不得在中国境内招收劳务人员赴国外工作。

第三条　国家鼓励和支持依法开展对外劳务合作，提高对外劳务合作水平，维护劳务人员的合法权益。

国务院有关部门制定和完善促进对外劳务合作发展的政策措施，建立健全对外劳务合作服务体系以及风险防范和处置机制。

第四条　国务院商务主管部门负责全国的对外劳务合作监督管理工作。国务院外交、公安、人力资源社会保障、交通运输、住房城乡建设、渔业、工商行政管理等有关部门在各自职责范围内，负责对外劳务合作监督管理的相关工作。

县级以上地方人民政府统一领导、组织、协调本行政区域的对外劳务合作监督管理工作。县级以上地方人民政府商务主管部门负责本行政区域的对外劳务合作监督管理工作，其他有关部门在各自职责范围内负责对外劳务合作监督管理的相关工作。

第二章 从事对外劳务合作的企业与劳务人员

第五条 从事对外劳务合作，应当按照省、自治区、直辖市人民政府的规定，经省级或者设区的市级人民政府商务主管部门批准，取得对外劳务合作经营资格。

第六条 申请对外劳务合作经营资格，应当具备下列条件：

(一) 符合企业法人条件；

(二) 实缴注册资本不低于600万元人民币；

(三) 有3名以上熟悉对外劳务合作业务的管理人员；

(四) 有健全的内部管理制度和突发事件应急处置制度；

(五) 法定代表人没有故意犯罪记录。

第七条 申请对外劳务合作经营资格的企业，应当向所在地省级或者设区的市级人民政府商务主管部门(以下称负责审批的商务主管部门)提交其符合本条例第六条规定条件的证明材料。负责审批的商务主管部门应当自收到证明材料之日起20个工作日内进行审查，作出批准或者不予批准的决定。予以批准的，颁发对外劳务合作经营资格证书；不予批准的，书面通知申请人并说明理由。

申请人持对外劳务合作经营资格证书，依法向工商行政管理部门办理登记。

负责审批的商务主管部门应当将依法取得对外劳务合作经营资格证书并办理登记的企业(以下称对外劳务合作企业)名单报至国务院商务主管部门，国务院商务主管部门应当及时通报中国驻外使馆、领馆。

未依法取得对外劳务合作经营资格证书并办理登记，不得从事对外劳务合作。

第八条 对外劳务合作企业不得允许其他单位或者个人以本企业的

名义组织劳务人员赴国外工作。

任何单位和个人不得以商务、旅游、留学等名义组织劳务人员赴国外工作。

第九条 对外劳务合作企业应当自工商行政管理部门登记之日起 5 个工作日内，在负责审批的商务主管部门指定的银行开设专门账户，缴存不低于 300 万元人民币的对外劳务合作风险处置备用金（以下简称备用金）。备用金也可以通过向负责审批的商务主管部门提交等额银行保函的方式缴存。

负责审批的商务主管部门应当将缴存备用金的对外劳务合作企业名单向社会公布。

第十条 备用金用于支付对外劳务合作企业拒绝承担或者无力承担的下列费用：

（一）对外劳务合作企业违反国家规定收取，应当退还给劳务人员的服务费；

（二）依法或者按照约定应当由对外劳务合作企业向劳务人员支付的劳动报酬；

（三）依法赔偿劳务人员的损失所需费用；

（四）因发生突发事件，劳务人员回国或者接受紧急救助所需费用。

备用金使用后，对外劳务合作企业应当自使用之日起 20 个工作日内将备用金补足到原有数额。

备用金缴存、使用和监督管理的具体办法由国务院商务主管部门会同国务院财政部门制定。

第十一条 对外劳务合作企业不得组织劳务人员赴国外从事与赌博、色情活动相关的工作。

第十二条　对外劳务合作企业应当安排劳务人员接受赴国外工作所需的职业技能、安全防范知识、外语以及用工项目所在国家或者地区相关法律、宗教信仰、风俗习惯等知识的培训;未安排劳务人员接受培训的,不得组织劳务人员赴国外工作。

劳务人员应当接受培训,掌握赴国外工作所需的相关技能和知识,提高适应国外工作岗位要求以及安全防范的能力。

第十三条　对外劳务合作企业应当为劳务人员购买在国外工作期间的人身意外伤害保险。但是,对外劳务合作企业与国外雇主约定由国外雇主为劳务人员购买的除外。

第十四条　对外劳务合作企业应当为劳务人员办理出境手续,并协助办理劳务人员在国外的居留、工作许可等手续。

对外劳务合作企业组织劳务人员出境后,应当及时将有关情况向中国驻用工项目所在国使馆、领馆报告。

第十五条　对外劳务合作企业、劳务人员应当遵守用工项目所在国家或者地区的法律,尊重当地的宗教信仰、风俗习惯和文化传统。

对外劳务合作企业、劳务人员不得从事损害国家安全和国家利益的活动。

第十六条　对外劳务合作企业应当跟踪了解劳务人员在国外的工作、生活情况,协助解决劳务人员工作、生活中的困难和问题,及时向国外雇主反映劳务人员的合理要求。

对外劳务合作企业向同一国家或者地区派出的劳务人员数量超过100人的,应当安排随行管理人员,并将随行管理人员名单报中国驻用工项目所在国使馆、领馆备案。

第十七条　对外劳务合作企业应当制定突发事件应急预案。国外发生突发事件的，对外劳务合作企业应当及时、妥善处理，并立即向中国驻用工项目所在国使馆、领馆和国内有关部门报告。

第十八条 用工项目所在国家或者地区发生战争、暴乱、重大自然灾害等突发事件，中国政府作出相应避险安排的，对外劳务合作企业和劳务人员应当服从安排，予以配合。

第十九条 对外劳务合作企业停止开展对外劳务合作的，应当对其派出的尚在国外工作的劳务人员作出妥善安排，并将安排方案报负责审批的商务主管部门备案。负责审批的商务主管部门应当将安排方案报至国务院商务主管部门，国务院商务主管部门应当及时通报中国驻用工项目所在国使馆、领馆。

第二十条 劳务人员有权向商务主管部门和其他有关部门投诉对外劳务合作企业违反合同约定或者其他侵害劳务人员合法权益的行为。接受投诉的部门应当按照职责依法及时处理，并将处理情况向投诉人反馈。

第三章 与对外劳务合作有关的合同

第二十一条 对外劳务合作企业应当与国外雇主订立书面劳务合作合同；未与国外雇主订立书面劳务合作合同的，不得组织劳务人员赴国外工作。

劳务合作合同应当载明与劳务人员权益保障相关的下列事项：

（一）劳务人员的工作内容、工作地点、工作时间和休息休假；

（二）合同期限；

（三）劳务人员的劳动报酬及其支付方式；

（四）劳务人员社会保险费的缴纳；

（五）劳务人员的劳动条件、劳动保护、职业培训和职业危害防护；

（六）劳务人员的福利待遇和生活条件；

（七）劳务人员在国外居留、工作许可等手续的办理；

（八）劳务人员人身意外伤害保险的购买；

（九）因国外雇主原因解除与劳务人员的合同对劳务人员的经济补偿；

（十）发生突发事件对劳务人员的协助、救助；

（十一）违约责任。

第二十二条　对外劳务合作企业与国外雇主订立劳务合作合同，应当事先了解国外雇主和用工项目的情况以及用工项目所在国家或者地区的相关法律。

用工项目所在国家或者地区法律规定企业或者机构使用外籍劳务人员需经批准的，对外劳务合作企业只能与经批准的企业或者机构订立劳务合作合同。

对外劳务合作企业不得与国外的个人订立劳务合作合同。

第二十三条　除本条第二款规定的情形外，对外劳务合作企业应当与劳务人员订立书面服务合同；未与劳务人员订立书面服务合同的，不得组织劳务人员赴国外工作。服务合同应当载明劳务合作合同中与劳务人员权益保障相关的事项，以及服务项目、服务费及其收取方式、违约责任。

对外劳务合作企业组织与其建立劳动关系的劳务人员赴国外工作的，与劳务人员订立的劳动合同应当载明劳务合作合同中与劳务人员权益保障相关的事项；未与劳务人员订立劳动合同的，不得组织劳务人员赴国外工作。

第二十四条　对外劳务合作企业与劳务人员订立服务合同或者劳动合同时，应当将劳务合作合同中与劳务人员权益保障相关的事项以及劳务人员要求了解的其他情况如实告知劳务人员，并向劳务人员明确提示包括人身安全风险在内的赴国外工作的风险，不得向劳务人员隐瞒有关信息或者提供虚假信息。

对外劳务合作企业有权了解劳务人员与订立服务合同、劳动合同直接相关的个人基本情况，劳务人员应当如实说明。

第二十五条 对外劳务合作企业向与其订立服务合同的劳务人员收取服务费，应当符合国务院价格主管部门会同国务院商务主管部门制定的有关规定。

对外劳务合作企业不得向与其订立劳动合同的劳务人员收取服务费。

对外劳务合作企业不得以任何名目向劳务人员收取押金或者要求劳务人员提供财产担保。

第二十六条 对外劳务合作企业应当自与劳务人员订立服务合同或者劳动合同之日起 10 个工作日内，将服务合同或者劳动合同、劳务合作合同副本以及劳务人员名单报负责审批的商务主管部门备案。负责审批的商务主管部门应当将用工项目、国外雇主的有关信息以及劳务人员名单报至国务院商务主管部门。

商务主管部门发现服务合同或者劳动合同、劳务合作合同未依照本条例规定载明必备事项的，应当要求对外劳务合作企业补正。

第二十七条 对外劳务合作企业应当负责协助劳务人员与国外雇主订立确定劳动关系的合同，并保证合同中有关劳务人员权益保障的条款与劳务合作合同相应条款的内容一致。

第二十八条 对外劳务合作企业、劳务人员应当信守合同，全面履行合同约定的各自的义务。

第二十九条 劳务人员在国外实际享有的权益不符合合同约定的，对外劳务合作企业应当协助劳务人员维护合法权益，要求国外雇主履行约定义务、赔偿损失；劳务人员未得到应有赔偿的，有权要求对外劳务合作企业承担相应的赔偿责任。对外劳务合作企业不协助劳务人员向国外雇主要求赔偿的，劳务人员可以直接向对外劳务合作企业要求赔偿。

劳务人员在国外实际享有的权益不符合用工项目所在国家或者地区法律规定的，对外劳务合作企业应当协助劳务人员维护合法权益，要求国外雇主履行法律规定的义务、赔偿损失。

因对外劳务合作企业隐瞒有关信息或者提供虚假信息等原因，导致劳务人员在国外实际享有的权益不符合合同约定的，对外劳务合作企业应当承担赔偿责任。

第四章　政府的服务和管理

第三十条　国务院商务主管部门会同国务院有关部门建立对外劳务合作信息收集、通报制度，为对外劳务合作企业和劳务人员无偿提供信息服务。

第三十一条　国务院商务主管部门会同国务院有关部门建立对外劳务合作风险监测和评估机制，及时发布有关国家或者地区安全状况的评估结果，提供预警信息，指导对外劳务合作企业做好安全风险防范；有关国家或者地区安全状况难以保障劳务人员人身安全的，对外劳务合作企业不得组织劳务人员赴上述国家或者地区工作。

第三十二条　国务院商务主管部门会同国务院统计部门建立对外劳务合作统计制度，及时掌握并汇总、分析对外劳务合作发展情况。

第三十三条　国家财政对劳务人员培训给予必要的支持。

国务院商务主管部门会同国务院人力资源社会保障部门应当加强对劳务人员培训的指导和监督。

第三十四条　县级以上地方人民政府根据本地区开展对外劳务合作的实际情况，按照国务院商务主管部门会同国务院有关部门的规定，组织建立对外劳务合作服务平台（以下简称服务平台），为对外劳务合作企业和劳务人员无偿提供相关服务，鼓励、引导对外劳务合作企业通过服务平台招收劳务人员。

国务院商务主管部门会同国务院有关部门应当加强对服务平台运行的指导和监督。

第三十五条　中国驻外使馆、领馆为对外劳务合作企业了解国外雇主和用工项目的情况以及用工项目所在国家或者地区的法律提供必要的协助，依据职责维护对外劳务合作企业和劳务人员在国外的正当权益，发现违反本条例规定的行为及时通报国务院商务主管部门和有关省、自治区、直辖市人民政府。

劳务人员可以合法、有序地向中国驻外使馆、领馆反映相关诉求，不得干扰使馆、领馆正常工作秩序。

第三十六条　国务院有关部门、有关县级以上地方人民政府应当建立健全对外劳务合作突发事件预警、防范和应急处置机制，制定对外劳务合作突发事件应急预案。

对外劳务合作突发事件应急处置由组织劳务人员赴国外工作的单位或者个人所在地的省、自治区、直辖市人民政府负责，劳务人员户籍所在地的省、自治区、直辖市人民政府予以配合。

中国驻外使馆、领馆协助处置对外劳务合作突发事件。

第三十七条　国务院商务主管部门会同国务院有关部门建立对外劳务合作不良信用记录和公告制度，公布对外劳务合作企业和国外雇主不履行合同约定、侵害劳务人员合法权益的行为，以及对对外劳务合作企业违法行为的处罚决定。

第三十八条　对违反本条例规定组织劳务人员赴国外工作，以及其他违反本条例规定的行为，任何单位和个人有权向商务、公安、工商行政管理等有关部门举报。接到举报的部门应当在职责范围内及时处理。

国务院商务主管部门会同国务院公安、工商行政管理等有关部门，建立健全相关管理制度，防范和制止非法组织劳务人员赴国外工作的行为。

第五章　法律责任

第三十九条　未依法取得对外劳务合作经营资格，从事对外劳务合作的，由商务主管部门提请工商行政管理部门依照《无照经营查处取缔办法》的规定查处取缔；构成犯罪的，依法追究刑事责任。

第四十条　对外劳务合作企业有下列情形之一的，由商务主管部门吊销其对外劳务合作经营资格证书，有违法所得的予以没收：

（一）以商务、旅游、留学等名义组织劳务人员赴国外工作；

（二）允许其他单位或者个人以本企业的名义组织劳务人员赴国外工作；

（三）组织劳务人员赴国外从事与赌博、色情活动相关的工作。

第四十一条　对外劳务合作企业未依照本条例规定缴存或者补足备用金的，由商务主管部门责令改正；拒不改正的，吊销其对外劳务合作经营资格证书。

第四十二条　对外劳务合作企业有下列情形之一的，由商务主管部门责令改正；拒不改正的，处 5 万元以上 10 万元以下的罚款，并对其主要负责人处 1 万元以上 3 万元以下的罚款：

（一）未安排劳务人员接受培训，组织劳务人员赴国外工作；

（二）未依照本条例规定为劳务人员购买在国外工作期间的人身意外伤害保险；

（三）未依照本条例规定安排随行管理人员。

第四十三条　对外劳务合作企业有下列情形之一的，由商务主管部门责令改正，处10万元以上20万元以下的罚款，并对其主要负责人处2万元以上5万元以下的罚款；在国外引起重大劳务纠纷、突发事件或者造成其他严重后果的，吊销其对外劳务合作经营资格证书：

（一）未与国外雇主订立劳务合作合同，组织劳务人员赴国外工作；

（二）未依照本条例规定与劳务人员订立服务合同或者劳动合同，组织劳务人员赴国外工作；

（三）违反本条例规定，与未经批准的国外雇主或者与国外的个人订立劳务合作合同，组织劳务人员赴国外工作；

（四）与劳务人员订立服务合同或者劳动合同，隐瞒有关信息或者提供虚假信息；

（五）在国外发生突发事件时不及时处理；

（六）停止开展对外劳务合作，未对其派出的尚在国外工作的劳务人员作出安排。

有前款第四项规定情形，构成犯罪的，依法追究刑事责任。

第四十四条　对外劳务合作企业向与其订立服务合同的劳务人员收取服务费不符合国家有关规定，或者向劳务人员收取押金、要求劳务人员提供财产担保的，由价格主管部门依照有关价格的法律、行政法规的规定处罚。

对外劳务合作企业向与其订立劳动合同的劳务人员收取费用的，依照《中华人民共和国劳动合同法》的规定处罚。

第四十五条　对外劳务合作企业有下列情形之一的，由商务主管部门责令改正；拒不改正的，处1万元以上2万元以下的罚款，并对其主要负责人处2 000元以上5 000元以下的罚款：

（一）未将服务合同或者劳动合同、劳务合作合同副本以及劳务人员名单报商务主管部门备案；

（二）组织劳务人员出境后，未将有关情况向中国驻用工项目所在国使馆、领馆报告，或者未依照本条例规定将随行管理人员名单报负责审批的商务主管部门备案；

（三）未制定突发事件应急预案；

（四）停止开展对外劳务合作，未将其对劳务人员的安排方案报商务主管部门备案。

对外劳务合作企业拒不将服务合同或者劳动合同、劳务合作合同副本报商务主管部门备案，且合同未载明本条例规定的必备事项，或者在合同备案后拒不按照商务主管部门的要求补正合同必备事项的，依照本条例第四十三条的规定处罚。

第四十六条　商务主管部门、其他有关部门在查处违反本条例行为的过程中，发现违法行为涉嫌构成犯罪的，应当依法及时移送司法机关处理。

第四十七条　商务主管部门和其他有关部门的工作人员，在对外劳务合作监督管理工作中有下列行为之一的，依法给予处分；构成犯罪的，依法追究刑事责任：

（一）对不符合本条例规定条件的对外劳务合作经营资格申请予以批准；

（二）对外劳务合作企业不再具备本条例规定的条件而不撤销原批准；

（三）对违反本条例规定组织劳务人员赴国外工作以及其他违反本条

例规定的行为不依法查处；

（四）其他滥用职权、玩忽职守、徇私舞弊，不依法履行监督管理职责的行为。

第六章 附则

第四十八条 有关对外劳务合作的商会按照依法制定的章程开展活动，为成员提供服务，发挥自律作用。

第四十九条 对外承包工程项下外派人员赴国外工作的管理，依照《对外承包工程管理条例》以及国务院商务主管部门、国务院住房城乡建设主管部门的规定执行。

外派海员类（不含渔业船员）对外劳务合作的管理办法，由国务院交通运输主管部门根据《中华人民共和国船员条例》以及本条例的有关规定另行制定。

第五十条 组织劳务人员赴香港特别行政区、澳门特别行政区、台湾地区工作的，参照本条例的规定执行。

第五十一条 对外劳务合作企业组织劳务人员赴国务院商务主管部门会同国务院外交等有关部门确定的特定国家或者地区工作的，应当经国务院商务主管部门会同国务院有关部门批准。

第五十二条 本条例施行前按照国家有关规定经批准从事对外劳务合作的企业，不具备本条例规定条件的，应当在国务院商务主管部门规定的期限内达到本条例规定的条件；逾期达不到本条例规定条件的，不得继续从事对外劳务合作。

第五十三条 本条例自2012年8月1日起施行。

国务院对外承包工程管理条例

第一章　总则

第一条　为了规范对外承包工程，促进对外承包工程健康发展，制定本条例。

第二条　本条例所称对外承包工程，是指中国的企业或者其他单位（以下统称单位）承包境外建设工程项目（以下简称工程项目）的活动。

第三条　国家鼓励和支持开展对外承包工程，提高对外承包工程的质量和水平。

国务院有关部门制定和完善促进对外承包工程的政策措施，建立、健全对外承包工程服务体系和风险保障机制。

第四条　开展对外承包工程，应当维护国家利益和社会公共利益，保障外派人员的合法权益。

开展对外承包工程，应当遵守工程项目所在国家或者地区的法律，信守合同，尊重当地的风俗习惯，注重生态环境保护，促进当地经济社会发展。

第五条　国务院商务主管部门负责全国对外承包工程的监督管理，国务院有关部门在各自的职责范围内负责与对外承包工程有关的管理工作。

国务院建设主管部门组织协调建设企业参与对外承包工程。

省、自治区、直辖市人民政府商务主管部门负责本行政区域内对外承包工程的监督管理。

第六条 有关对外承包工程的协会、商会按照章程为其成员提供与对外承包工程有关的信息、培训等方面的服务，依法制定行业规范，发挥协调和自律作用，维护公平竞争和成员利益。

第二章 对外承包工程资格

第七条 对外承包工程的单位应当依照本条例的规定，取得对外承包工程资格。

第八条 申请对外承包工程资格，应当具备下列条件：

（一）有法人资格，工程建设类单位还应当依法取得建设主管部门或者其他有关部门颁发的特级或者一级（甲级）资质证书；

（二）有与开展对外承包工程相适应的资金和专业技术人员，管理人员中至少 2 人具有 2 年以上从事对外承包工程的经历；

（三）有与开展对外承包工程相适应的安全防范能力；

（四）有保障工程质量和安全生产的规章制度，最近 2 年内没有发生重大工程质量问题和较大事故以上的生产安全事故；

（五）有良好的商业信誉，最近 3 年内没有重大违约行为和重大违法经营记录。

第九条 申请对外承包工程资格，中央企业和中央管理的其他单位（以下称中央单位）应当向国务院商务主管部门提出申请，中央单位以外的单位应当向所在地省、自治区、直辖市人民政府商务主管部门提出申请；申请时应当提交申请书和符合本条例第八条规定条件的证明材料。国务院商务主管部门或者省、自治区、直辖市人民政府商务主管部门应当自收到申请书和证明材料之日起 30 日内，会同同级建设主管部门进行审查，作出批准或者不予批准的决定。予以批准的，由受理申请的国务院商务主管部门或者省、自治区、直辖市人民政府商务主管部门颁发对外承包工程资格证书;不予批准的,书面通知申请单位并说明理由。

省、自治区、直辖市人民政府商务主管部门应当将其颁发对外承包工程资格证书的情况报国务院商务主管部门备案。

第十条 国务院商务主管部门和省、自治区、直辖市人民政府商务主管部门在监督检查中,发现对外承包工程的单位不再具备本条例规定条件的,应当责令其限期整改;逾期仍达不到本条例规定条件的,吊销其对外承包工程资格证书。

第三章 对外承包工程活动

第十一条 国务院商务主管部门应当会同国务院有关部门建立对外承包工程安全风险评估机制,定期发布有关国家和地区安全状况的评估结果,及时提供预警信息,指导对外承包工程的单位做好安全风险防范。

第十二条 对外承包工程的单位不得以不正当的低价承揽工程项目、串通投标,不得进行商业贿赂。

第十三条 对外承包工程的单位应当与境外工程项目发包人订立书面合同,明确双方的权利和义务,并按照合同约定履行义务。

第十四条 对外承包工程的单位应当加强对工程质量和安全生产的管理,建立、健全并严格执行工程质量和安全生产管理的规章制度。

对外承包工程的单位将工程项目分包的,应当与分包单位订立专门的工程质量和安全生产管理协议,或者在分包合同中约定各自的工程质量和安全生产管理责任,并对分包单位的工程质量和安全生产工作统一协调、管理。

对外承包工程的单位不得将工程项目分包给不具备国家规定的相应

资质的单位;工程项目的建筑施工部分不得分包给未依法取得安全生产许可证的境内建筑施工企业。

分包单位不得将工程项目转包或者再分包。对外承包工程的单位应当在分包合同中明确约定分包单位不得将工程项目转包或者再分包,并负责监督。

第十五条 从事对外承包工程外派人员中介服务的机构应当取得国务院商务主管部门的许可,并按照国务院商务主管部门的规定从事对外承包工程外派人员中介服务。

对外承包工程的单位通过中介机构招用外派人员的,应当选择依法取得许可并合法经营的中介机构,不得通过未依法取得许可或者有重大违法行为的中介机构招用外派人员。

第十六条 对外承包工程的单位应当依法与其招用的外派人员订立劳动合同,按照合同约定向外派人员提供工作条件和支付报酬,履行用人单位义务。

第十七条 对外承包工程的单位应当有专门的安全管理机构和人员,负责保护外派人员的人身和财产安全,并根据所承包工程项目的具体情况,制定保护外派人员人身和财产安全的方案,落实所需经费。

对外承包工程的单位应当根据工程项目所在国家或者地区的安全状况,有针对性地对外派人员进行安全防范教育和应急知识培训,增强外派人员的安全防范意识和自我保护能力。

第十八条 对外承包工程的单位应当为外派人员购买境外人身意外伤害保险。

第十九条 对外承包工程的单位应当按照国务院商务主管部门和国务院财政部门的规定,及时存缴备用金。

前款规定的备用金，用于支付对外承包工程的单位拒绝承担或者无力承担的下列费用：

（一）外派人员的报酬；

（二）因发生突发事件，外派人员回国或者接受其他紧急救助所需费用；

（三）依法应当对外派人员的损失进行赔偿所需费用。

第二十条　对外承包工程的单位与境外工程项目发包人订立合同后，应当及时向中国驻该工程项目所在国使馆（领馆）报告。

对外承包工程的单位应当接受中国驻该工程项目所在国使馆（领馆）在突发事件防范、工程质量、安全生产及外派人员保护等方面的指导。

第二十一条　对外承包工程的单位应当制定突发事件应急预案；在境外发生突发事件时，应当及时、妥善处理，并立即向中国驻该工程项目所在国使馆（领馆）和国内有关主管部门报告。

国务院商务主管部门应当会同国务院有关部门，按照预防和处置并重的原则，建立、健全对外承包工程突发事件预警、防范和应急处置机制，制定对外承包工程突发事件应急预案。

第二十二条　对外承包工程的单位应当定期向商务主管部门报告其开展对外承包工程的情况，并按照国务院商务主管部门和国务院统计部门的规定，向有关部门报送业务统计资料。

第二十三条　国务院商务主管部门应当会同国务院有关部门建立对外承包工程信息收集、通报制度，向对外承包工程的单位无偿提供信息服务。

有关部门应当在货物通关、人员出入境等方面，依法为对外承包工程的单位提供快捷、便利的服务。

第四章 法律责任

第二十四条 未取得对外承包工程资格，擅自开展对外承包工程的，由商务主管部门责令改正，处 50 万元以上 100 万元以下的罚款；有违法所得的，没收违法所得；对其主要负责人处 5 万元以上 10 万元以下的罚款。

第二十五条 对外承包工程的单位有下列情形之一的，由商务主管部门责令改正，处 10 万元以上 20 万元以下的罚款，对其主要负责人处 1 万元以上 2 万元以下的罚款；拒不改正的，商务主管部门可以禁止其在 1 年以上 3 年以下的期限内对外承包新的工程项目；造成重大工程质量问题、发生较大事故以上生产安全事故或者造成其他严重后果的，商务主管部门可以吊销其对外承包工程资格证书；对工程建设类单位，建设主管部门或者其他有关主管部门可以降低其资质等级或者吊销其资质证书：

（一）未建立并严格执行工程质量和安全生产管理的规章制度的；

（二）没有专门的安全管理机构和人员负责保护外派人员的人身和财产安全，或者未根据所承包工程项目的具体情况制定保护外派人员人身和财产安全的方案并落实所需经费的；

（三）未对外派人员进行安全防范教育和应急知识培训的；

（四）未制定突发事件应急预案，或者在境外发生突发事件，未及时、妥善处理的。

第二十六条 对外承包工程的单位有下列情形之一的，由商务主管部门责令改正，处 15 万元以上 30 万元以下的罚款，对其主要负责人处 2 万元以上 5 万元以下的罚款；拒不改正的，商务主管部门可以禁止其在 2 年以上 5 年以下的期限内对外承包新的工程项目；造成重大工程质量问题、发生较大事故以上生产安全事故或者造成其他严重后果的，商务主管部门可以吊销其对外承包工程资格证书；对工程建设类单位，建设主管部门或者其他有关主管部门可以降低其资质等级或者吊销其资质证书：

（一）以不正当的低价承揽工程项目、串通投标或者进行商业贿赂的；

（二）未与分包单位订立专门的工程质量和安全生产管理协议，或者未在分包合同中约定各自的工程质量和安全生产管理责任，或者未对分包单位的工程质量和安全生产工作统一协调、管理的；

（三）将工程项目分包给不具备国家规定的相应资质的单位，或者将工程项目的建筑施工部分分包给未依法取得安全生产许可证的境内建筑施工企业的；

（四）未在分包合同中明确约定分包单位不得将工程项目转包或者再分包的。

分包单位将其承包的工程项目转包或者再分包的，由建设主管部门责令改正，依照前款规定的数额对分包单位及其主要负责人处以罚款；造成重大工程质量问题，或者发生较大事故以上生产安全事故的，建设主管部门或者其他有关主管部门可以降低其资质等级或者吊销其资质证书。

第二十七条　对外承包工程的单位有下列情形之一的，由商务主管部门责令改正，处2万元以上5万元以下的罚款；拒不改正的，对其主要负责人处5 000元以上1万元以下的罚款：

（一）与境外工程项目发包人订立合同后，未及时向中国驻该工程项目所在国使馆（领馆）报告的；

（二）在境外发生突发事件，未立即向中国驻该工程项目所在国使馆（领馆）和国内有关主管部门报告的；

（三）未定期向商务主管部门报告其开展对外承包工程的情况，或者未按照规定向有关部门报送业务统计资料的。

第二十八条　对外承包工程的单位通过未依法取得许可或者有重大

违法行为的中介机构招用外派人员，或者不依照本条例规定为外派人员购买境外人身意外伤害保险，或者未按照规定存缴备用金的，由商务主管部门责令限期改正，处 5 万元以上 10 万元以下的罚款，对其主要负责人处 5 000 元以上 1 万元以下的罚款；逾期不改正的，商务主管部门可以禁止其在 1 年以上 3 年以下的期限内对外承包新的工程项目。

未取得国务院商务主管部门的许可，擅自从事对外承包工程外派人员中介服务的，由国务院商务主管部门责令改正，处 10 万元以上 20 万元以下的罚款；有违法所得的，没收违法所得；对其主要负责人处 5 万元以上 10 万元以下的罚款。

第二十九条　商务主管部门、建设主管部门和其他有关部门的工作人员在对外承包工程监督管理工作中滥用职权、玩忽职守、徇私舞弊，构成犯罪的，依法追究刑事责任；尚不构成犯罪的，依法给予处分。

第五章　附则

第三十条　对外承包工程涉及的货物进出口、技术进出口、人员出入境、海关以及税收、外汇等事项，依照有关法律、行政法规和国家有关规定办理。

第三十一条　对外承包工程的单位以投标、议标方式参与报价金额在国务院商务主管部门和国务院财政部门等有关部门规定标准以上的工程项目的，其银行保函的出具等事项，依照国务院商务主管部门和国务院财政部门等有关部门的规定办理。

第三十二条　对外承包工程的单位承包特定工程项目，或者在国务院商务主管部门会同外交部等有关部门确定的特定国家或者地区承包工程项目的，应当经国务院商务主管部门会同国务院有关部门批准。

第三十三条　中国内地的单位在香港特别行政区、澳门特别行政区、台湾地区承包工程项目，参照本条例的规定执行。

第三十四条　中国政府对外援建的工程项目的实施及其管理，依照国家有关规定执行。

第三十五条　本条例自 2008 年 9 月 1 日起施行。

商务部境外投资管理办法

第一章　总则

第一条　为了促进和规范境外投资，提高境外投资便利化水平，根据《国务院关于投资体制改革的决定》、《国务院对确需保留的行政审批项目设定行政许可的决定》及相关法律规定，制定本办法。

第二条　本办法所称境外投资，是指在中华人民共和国境内依法设立的企业（以下简称企业）通过新设、并购及其他方式在境外拥有非金融企业或取得既有非金融企业所有权、控制权、经营管理权及其他权益的行为。

第三条　企业开展境外投资，依法自主决策、自负盈亏。

第四条　企业境外投资不得有以下情形：

（一）危害中华人民共和国国家主权、安全和社会公共利益，或违反中华人民共和国法律法规；

（二）损害中华人民共和国与有关国家（地区）关系；

（三）违反中华人民共和国缔结或者参加的国际条约、协定；

（四）出口中华人民共和国禁止出口的产品和技术。

第五条　商务部和各省、自治区、直辖市、计划单列市及新疆生产建设兵团商务主管部门（以下称省级商务主管部门）负责对境外投资实施管理和监督。

第二章 备案和核准

第六条 商务部和省级商务主管部门按照企业境外投资的不同情形，分别实行备案和核准管理。

企业境外投资涉及敏感国家和地区、敏感行业的，实行核准管理。

企业其他情形的境外投资，实行备案管理。

第七条 实行核准管理的国家是指与中华人民共和国未建交的国家、受联合国制裁的国家。必要时，商务部可另行公布其他实行核准管理的国家和地区的名单。

实行核准管理的行业是指涉及出口中华人民共和国限制出口的产品和技术的行业、影响一国（地区）以上利益的行业。

第八条 商务部和省级商务主管部门应当依法办理备案和核准，提高办事效率，提供优质服务。

商务部和省级商务主管部门通过“境外投资管理系统”（以下简称“管理系统”）对企业境外投资进行管理，并向获得备案或核准的企业颁发《企业境外投资证书》（以下简称《证书》）。《证书》由商务部和省级商务主管部门分别印制并盖章，实行统一编码管理。

《证书》是企业境外投资获得备案或核准的凭证，按照境外投资最终目的地颁发。

第九条 对属于备案情形的境外投资，中央企业报商务部备案；地方企业报所在地省级商务主管部门备案。

中央企业和地方企业通过“管理系统”按要求填写并打印《境外投资备案表》（以下简称《备案表》），加盖印章后，连同企业营业执照复印件分别报商务部或省级商务主管部门备案。

《备案表》填写如实、完整、符合法定形式，且企业在《备案表》中声明其境外投资无本办法第四条所列情形的，商务部或省级商务主管部门应当自收到《备案表》之日起 3 个工作日内予以备案并颁发《证书》。企业不如实、完整填报《备案表》的，商务部或省级商务主管部门不予备案。

第十条 对属于核准情形的境外投资，中央企业向商务部提出申请，地方企业通过所在地省级商务主管部门向商务部提出申请。

企业申请境外投资核准需提交以下材料：

（一）申请书，主要包括投资主体情况、境外企业名称、股权结构、投资金额、经营范围、经营期限、投资资金来源、投资具体内容等；

（二）《境外投资申请表》，企业应当通过“管理系统”按要求填写打印，并加盖印章；

（三）境外投资相关合同或协议；

（四）有关部门对境外投资所涉的属于中华人民共和国限制出口的产品或技术准予出口的材料；

（五）企业营业执照复印件。

第十一条 核准境外投资应当征求我驻外使（领）馆（经商处室）意见。涉及中央企业的，由商务部征求意见；涉及地方企业的，由省级商务主管部门征求意见。征求意见时，商务部和省级商务主管部门应当提供投资事项基本情况等相关信息。驻外使（领）馆（经商处室）应当自接到征求意见要求之日起 7 个工作日内回复。

第十二条 商务部应当在受理中央企业核准申请后 20 个工作日内（包含征求驻外使（领）馆（经商处室）意见的时间）作出是否予以核准的决定。申请材料不齐全或者不符合法定形式的，商务部应当在 3 个工作日内一次告知申请企业需要补正的全部内容。逾期不告知的，自收到申请材料之日起即为受理。中央企业按照商务部的要求提交全部补正申请材料的，商务部应当受理该申请。

省级商务主管部门应当在受理地方企业核准申请后对申请是否涉及本办法第四条所列情形进行初步审查，并在15个工作日内（包含征求驻外使（领）馆（经商处室）意见的时间）将初步审查意见和全部申请材料报送商务部。申请材料不齐全或者不符合法定形式的，省级商务主管部门应当在3个工作日内一次告知申请企业需要补正的全部内容。逾期不告知的，自收到申请材料之日起即为受理。地方企业按照省级商务主管部门的要求提交全部补正申请材料的，省级商务主管部门应当受理该申请。商务部收到省级商务主管部门的初步审查意见后，应当在15个工作日内做出是否予以核准的决定。

第十三条　对予以核准的境外投资，商务部出具书面核准决定并颁发《证书》；因存在本办法第四条所列情形而不予核准的，应当书面通知申请企业并说明理由，告知其享有依法申请行政复议或者提起行政诉讼的权利。企业提供虚假材料申请核准的，商务部不予核准。

第十四条　两个以上企业共同开展境外投资的，应当由相对大股东在征求其他投资方书面同意后办理备案或申请核准。如果各方持股比例相等，应当协商后由一方办理备案或申请核准。如投资方不属同一行政区域，负责办理备案或核准的商务部或省级商务主管部门应当将备案或核准结果告知其他投资方所在地商务主管部门。

第十五条　企业境外投资经备案或核准后，原《证书》载明的境外投资事项发生变更的，企业应当按照本章程序向原备案或核准的商务部或省级商务主管部门办理变更手续。

第十六条　自领取《证书》之日起2年内，企业未在境外开展投资的，《证书》自动失效。如需再开展境外投资，应当按照本章程序重新办理备案或申请核准。

第十七条　企业终止已备案或核准的境外投资，应当在依投资目的地法律办理注销等手续后，向原备案或核准的商务部或省级商务主管部门报告。原备案或核准的商务部或省级商务主管部门根据报告出具注销确认函。

终止是指原经备案或核准的境外企业不再存续或企业不再拥有原经备案或核准的境外企业的股权等任何权益。

第十八条　《证书》不得伪造、涂改、出租、出借或以任何其他形式转让。已变更、失效或注销的《证书》应当交回原备案或核准的商务部或省级商务主管部门。

第三章　规范和服务

第十九条　企业应当客观评估自身条件、能力，深入研究投资目的地投资环境，积极稳妥开展境外投资，注意防范风险。境内外法律法规和规章对资格资质有要求的，企业应当取得相关证明文件。

第二十条　企业应当要求其投资的境外企业遵守投资目的地法律法规、尊重当地风俗习惯，履行社会责任，做好环境、劳工保护、企业文化建设等工作，促进与当地的融合。

第二十一条　企业对其投资的境外企业的冠名应当符合境内外法律法规和政策规定。未按国家有关规定获得批准的企业，其境外企业名称不得使用“中国”、“中华”等字样。

第二十二条　企业应当落实人员和财产安全防范措施，建立突发事件预警机制和应急预案。在境外发生突发事件时，企业应当在驻外使（领）馆和国内有关主管部门的指导下，及时、妥善处理。

企业应当做好外派人员的选审、行前安全、纪律教育和应急培训工作，加强对外派人员的管理，依法办理当地合法居留和工作许可。

第二十三条　企业应当要求其投资的境外企业中方负责人当面或以信函、传真、电子邮件等方式及时向驻外使（领）馆（经商处室）报到登记。

第二十四条　企业应当向原备案或核准的商务部或省级商务主管部门报告境外投资业务情况、统计资料，以及与境外投资相关的困难、问题，并确保报送情况和数据真实准确。

第二十五条　企业投资的境外企业开展境外再投资，在完成境外法律手续后，企业应当向商务主管部门报告。涉及中央企业的，中央企业通过“管理系统”填报相关信息，打印《境外中资企业再投资报告表》（以下简称《再投资报告表》）并加盖印章后报商务部；涉及地方企业的，地方企业通过“管理系统”填报相关信息，打印《再投资报告表》并加盖印章后报省级商务主管部门。

第二十六条　商务部负责对省级商务主管部门的境外投资管理情况进行检查和指导。省级商务主管部门应当每半年向商务部报告本行政区域内境外投资的情况。

第二十七条　商务部会同有关部门为企业境外投资提供权益保障、投资促进、风险预警等服务。

商务部发布《对外投资合作国别（地区）指南》、国别产业指引等文件，帮助企业了解投资目的地投资环境；加强对企业境外投资的指导和规范，会同有关部门发布环境保护等指引，督促企业在境外合法合规经营；建立对外投资与合作信息服务系统，为企业开展境外投资提供数据统计、投资机会、投资障碍、风险预警等信息。

第四章 法律责任

第二十八条 企业以提供虚假材料等不正当手段办理备案并取得《证书》的，商务部或省级商务主管部门撤销该企业境外投资备案，给予警告，并依法公布处罚决定。

第二十九条 企业提供虚假材料申请核准的，商务部给予警告，并依法公布处罚决定。该企业在一年内不得再次申请该项核准。

企业以欺骗、贿赂等不正当手段获得境外投资核准的，商务部撤销该企业境外投资核准，给予警告，并依法公布处罚决定。该企业在三年内不得再次申请该项核准；构成犯罪的，依法追究刑事责任。

第三十条 企业开展境外投资过程中出现本办法第四条所列情形的，应当承担相应的法律责任。

第三十一条 企业伪造、涂改、出租、出借或以任何其他形式转让《证书》的，商务部或省级商务主管部门给予警告；构成犯罪的，依法追究刑事责任。

第三十二条 境外投资出现第二十八至三十一条规定的情形以及违反本办法其他规定的企业，三年内不得享受国家有关政策支持。

第三十三条 商务部和省级商务主管部门有关工作人员不依照本办法规定履行职责、滥用职权、索取或者收受他人财物或者谋取其他利益，构成犯罪的，依法追究刑事责任；尚不构成犯罪的，依法给予行政处分。

第五章 附则

第三十四条 省级商务主管部门可依照本办法制定相应的工作细则。

第三十五条 本办法所称中央企业系指国务院国有资产监督管理委员会履行出资人职责的企业及其所属企业、中央管理的其他单位。

第三十六条　事业单位法人开展境外投资、企业在境外设立分支机构参照本办法执行。

第三十七条　企业赴香港、澳门、台湾地区投资参照本办法执行。

第三十八条　本办法由商务部负责解释。

第三十九条　本办法自2014年10月6日起施行。商务部2009年发布的《境外投资管理办法》(商务部令2009年第5号)同时废止。

后　记

历经一年多的写作,《"一带一路"倡议下企业"走出去"劳动法律问题研究》终于付梓。选择这一主题进行写作,起初并非出于我主要的研究旨趣——我虽长期从事劳动法、社会保障法研究,但主要以国内法为主,较少涉及外国法或国际领域。国际法从研究角度而言,对我是一个较为陌生的领域。最终促使我下定决心承接写作任务的因素,除了一点"盲目"的自信外,还有就是"一带一路"倡议这一宏大命题及其对未来经济社会和学术界的巨大影响力吸引了我。"一带一路"倡议作为我国未来一个时期对外交往的总方略,既对我国的大国外交有至关重要的影响,也对我国企业国际市场的拓展影响巨大。中国企业"走出去"进入国际市场,会面对大量的法律问题,其中劳动保障法律问题必然是其中难以绕过的,而且是较为重要的。从学术角度而言,这种带有学科交叉性质的研究是极有价值的。因此我斗胆接下了这个任务。写作过程中的艰辛自不待言,但给我带来的收获却不仅仅是这一本不算很厚的书稿,还有对新领域学术兴趣的建立和一定的研究心得。虽然仅通过这本书,尚不足以使我对该领域所有的问题都能了然于胸,空白的地方还不少,有的地方甚至可能出现理解不准确、表述不精确等问题,但这终究使我迈出了研究涉外劳动法律问题的第一步。这可能是我通过写作本书所得到的最大收获。

企业“走出去”的劳动法律问题，如果站在一个企业法律顾问的角度，可能会发现有很多实务问题要去了解、研究和解决。然而这还不是全部，“中兴事件”“孟晚舟事件”的发生告诉我们仅仅了解投资目标国的劳动法律制度是远远不够的，还有很多非常细致的政府操作方式，和一些针对性较强的临时性措施也需要掌握并遵守，即所谓的“合规”。很显然，劳动法律方面的合规也是今后企业“走出去”合规工作的重要方面。如果企业“走出去”前能够将投资目的地的合规工作做好，将对其后续的投资工作大有益处。而对于学术界来讲，可能企业“走出去”的劳动合规问题将成为下一个研究的热门话题。我也将为之继续努力。

本书的完成，有赖于不少师长和学生们的大力协助。其中上海交通大学法学院的沈国明教授为整个项目的立项起了至关重要的作用；法学院和上海人民出版社的领导们多次为本书的付梓提出宝贵意见；我的几位研究生吴曹圆、张国媛、王玙瑶、董周敏等同学为本书的资料搜集付出了很多努力，贡献良多，在此一并表示衷心的感谢。

本书的出版，是我过去一段时间所思所想的一个总结，也算是一个小小的收获。如果说人生是一个一个小小的收获积累起来的，每一个小小的收获带来的满足是愉快生活的重要动力源泉，那么每一次辛苦过后的付梓，每一番苦读之后的感悟正是学术人生的别样幸福。希望这种别样的幸福能不断延续下去。

李　磊

二〇二〇年五月

图书在版编目(CIP)数据

“一带一路”倡议下企业“走出去”劳动法律问题研究/李磊著.—上海:上海人民出版社,2020
(“一带一路”法律·经贸丛书)
ISBN 978-7-208-16540-3

Ⅰ.①一… Ⅱ.①李… Ⅲ.①劳动法-研究-世界
Ⅳ.①D912.504

中国版本图书馆 CIP 数据核字(2020)第 113473 号

责任编辑 秦 堃 史尚华
封面设计 孙 康

“一带一路”法律·经贸丛书
“一带一路”倡议下企业“走出去”劳动法律问题研究
李 磊 著

出　　版 上海人民出版社
(200001 上海福建中路 193 号)
发　　行 上海人民出版社发行中心
印　　刷 上海商务联西印刷有限公司
开　　本 720×1000 1/16
印　　张 12.5
插　　页 2
字　　数 147,000
版　　次 2020 年 9 月第 1 版
印　　次 2020 年 9 月第 1 次印刷
ISBN 978-7-208-16540-3/D·3613
定　　价 48.00 元